Couverture inférieure manquante

Début d'une série de documents
en couleur

XIIe CONGRÈS INTERNATIONAL DE MÉDECINE
MOSCOU (Août 1897)
Section des Maladies nerveuses et mentales

L'HYPNOTISME
et la Suggestion

DANS LEURS RAPPORTS AVEC LA MÉDECINE LÉGALE

PAR

Le Dr BERNHEIM

PROFESSEUR À LA FACULTÉ DE MÉDECINE DE NANCY

PARIS

OCTAVE DOIN, ÉDITEUR

8, PLACE DE L'ODÉON, 8

1897

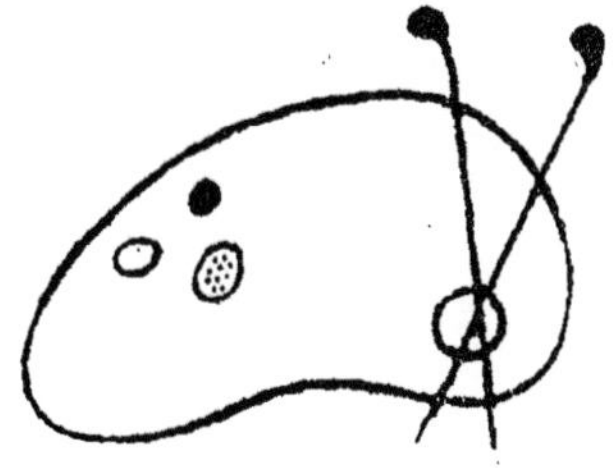

Fin d'une série de documents
en couleur

L'Hypnotisme et la Suggestion

DANS LEURS RAPPORTS

AVEC LA MÉDECINE LÉGALE

XIIe CONGRÈS INTERNATIONAL DE MÉDECINE
MOSCOU (Août 1897)
Section des Maladies nerveuses et mentales

L'HYPNOTISME

et la Suggestion

DANS LEURS RAPPORTS AVEC LA MÉDECINE
LÉGALE

PAR

Le Dr BERNHEIM

PROFESSEUR A LA FACULTÉ DE MÉDECINE DE NANCY

NANCY

IMPRIMERIE A. CRÉPIN-LEBLOND
21, RUE SAINT-DIZIER, 40, RUE DES DOMINICAINS
(Passage du Casino)

1897

L'Hypnotisme et la Suggestion

DANS LEURS RAPPORTS
AVEC LA MÉDECINE LÉGALE

I

Définition et conception de la suggestion
et de l'hypnotisme.

Avant d'entrer au cœur de la question, il importe
de définir les termes suggestion et hypnotisme, car
c'est peut-être faute de s'entendre sur les mots qu'on
ne s'entend pas sur la question. Je n'entends dans ce
court rapport ni faire l'historique, ni examiner et
discuter les nombreuses opinions formulées; je préfère,
puisque liberté m'en est laissée, donner mon impression personnelle, telle que les faits observés et médi-
tés et les expériences faites me l'ont suggérée.

J'ai défini la suggestion : *toute idée acceptée par le
cerveau*. Que cette idée vienne par l'oreille, exprimée
par une autre personne, par les yeux, formulée par
écrit ou consécutive à une impression visuelle, qu'elle
naisse en apparence spontanément, réveillée par une
impression interne, ou développée par les circonstances du monde extérieur, quelle que soit l'origine
de cette idée, elle constitue une suggestion.

Nous avons établi que toute suggestion tend à se réaliser, que *toute idée tend à se faire acte*. Traduit en langage physiologique, cela veut dire que toute cellule cérébrale actionnée par une idée actionne les fibres nerveuses qui doivent réaliser cette idée. Exemple : Je dis à quelqu'un : « Levez-vous », ce quelqu'un se lève et tend à se lever. L'audition d'une valse suggestive fait vibrer notre corps à l'unisson de cette valse : et alors même que nous ne valsons pas, et que nous nous retenons pour ne pas valser, si on inscrivait par un appareil enregistreur les mouvements de notre corps, on obtiendrait un tracé ébauchant les mouvements chorégraphiques inconscients de notre machine. *L'idée est devenue mouvement.*

Si je dis à quelqu'un : « Vous avez une guêpe sur le front », ce quelqu'un qui n'aura aucune raison pour ne pas me croire sentira plus ou moins distinctement la prétendue guêpe, et y portera la main, extériorisant sur le front la démangeaison créée par le sensorium actionné par l'idée de la guêpe. *L'idée est devenue sensation.*

Si je dis : « Voici un chien », l'idée du chien est acceptée et son image plus ou moins ébauchée se présentera aux yeux. *L'idée devient ou tend à devenir image.*

Si je dis : « Vous allez dormir », chez quelques-uns l'idée du sommeil est là, les paupières deviennent lourdes, les yeux se ferment, le cerveau s'obnubile, les phénomènes du sommeil tendent à se produire. *L'idée tend à devenir acte organique,* sommeil.

Si je dis : « Vous avez envie de rire », une sensation de gaîté hilarante pourra être évoquée dans le sensorium. *L'idée est devenue émotion.*

Les idées qui font naître des émotions diverses,

joie, colère, frayeur, tristesse, etc., réalisent en dehors de la volonté du sujet des mouvements, des contractions, des attitudes complexes : le corps se met à l'unisson de l'idée conçue. Le facies de chacun prend souvent l'expression corrélative aux pensées qui l'agitent habituellement. Le prêtre, le médecin, l'acteur, l'artiste, le soldat portent leur profession inscrite sur leur figure et dans leur attitude. De même les passions habituelles de l'âme se reflètent sur le miroir du visage. La physionomie de chacun a son expression : joviale, sérieuse, austère, concentrée. L'esprit a comme moulé la matière à son image : l'idée s'est matérialisée.

Donc, je le répète, toute idée est une suggestion. La suggestion est dans tout : c'est le déterminisme. Suggérer quelque chose à quelqu'un, c'est introduire une idée dans son cerveau. Mais *une suggestion faite n'est pas une suggestion réalisée.*

Pour qu'elle se réalise, il faut d'abord que l'idée soit acceptée, il faut ensuite que cette idée acceptée puisse être réalisée. Toutes ne le sont pas. Si je dis : « Levez votre bras », j'évoque une image motrice que le sujet pourra facilement traduire en acte. Si je lui suggère au contraire l'idée que son bras est paralysé, ou bien il n'acceptera pas l'idée suggérée ; ou bien, impressionné par ce que je dis, il croira un moment ; la suggestion a lieu, mais le cerveau ne pourra pas exécuter l'image de la paralysie suggérée ; la suggestion n'est pas réalisée. De même si je dis : « Voici un chien », le sujet croit un instant ; le cerveau ébauche l'image suggérée, mais trop imparfaitement pour qu'elle fasse impression. La suggestion n'a pas réussi.

La suggestibilité est une propriété physiologique du

cerveau humain. Mais à l'état ordinaire, cette suggestibilité, cette tendance du cerveau à accepter l'idée et
à la transformer en acte, est limitée par les facultés
supérieures du cerveau, facultés de raison, l'attention,
le jugement qui constituent le contrôle cérébral. Ce
contrôle intervient pour empêcher ou neutraliser la
suggestion. L'idée que je cherche à suggérer ne s'impose pas ; ou bien, si elle est acceptée, l'acte qu'elle
doit réaliser, mouvement (acte de se lever), sensation
(démangeaison), image (vue d'un chien), peut être
ébauché, mais n'aboutit pas. La raison fait
contre-poids à l'imagination et à l'automatisme cérébral. Tout ce qui diminue l'activité des facultés de
raison, tout ce qui supprime ou atténue le contrôle
cérébral, renforce la suggestibilité, c'est-à-dire
augmente l'aptitude du cerveau à accepter et à réaliser l'idée.

Tel est le sommeil naturel. Alors le contrôle ne
veille plus, l'imagination règne en maitresse. Les
rêves sont la traduction en images extériorisées des
impressions et idées désordonnées, incohérentes qui
se réveillent au hasard de la vie végétative et imagi-
native. La raison n'est plus là pour les contrôler.

Il est facile de démontrer combien, dans ce sommeil, le cerveau incapable d'initiative est docile à la
suggestion. Je trouve un sujet naturellement endormi.
Si je l'aborde avec précaution, j'arrive quelquefois
d'emblée ou après entraînement à me faire entendre
par lui sans qu'il se réveille : il me répond. Je lève
son bras et le maintiens pendant quelques secondes.
Il se peut qu'il continue à y rester : c'est la catalepsie,
c'est-à-dire l'attitude passive du bras figée par l'absence d'initiative du sujet qui garde la position
imprimée, comme il garde l'idée suggérée. Si je dis à

quelques-uns de ces sujets naturellement endormis :
« Votre peau est insensible », je puis provoquer par
cette affirmation de l'anesthésie et de l'analgésie. Si je
lui dis : « Voici un chien qui aboie », l'hallucination
visuelle et auditive peut se réaliser; c'est un rêve
suggéré.

Si je dis au dormeur naturel : « Levez-vous, mar-
chez, travaillez », je puis, avec plus ou moins d'entraînement, arriver à le faire marcher et travailler,
c'est-à-dire en faire un somnambule actif.

Tout cela, je le répète, je puis le faire, chez certains
sujets dans leur sommeil naturel, à la faveur de la
suggestibilité naturelle, physiologiquement exagérée :
ce sont des phénomènes normaux, je le répète, tels
qu'ils peuvent être réalisés et démontrés dans le sommeil, variables d'ailleurs suivant les sujets. *Dans le
sommeil, le cerveau est dans un état de suggestibilité
exaltée* qui permet au dynamisme automatique d'avoir
toute la plénitude de son jeu.

D'autres influences à l'état de veille peuvent produire cette exaltation. La concentration du cerveau
sur une impression ou une idée qui le fascine pour
ainsi dire en l'absorbant tout entier, en le soustrayant
à toute autre impression, augmente sa suggestibilité,
c'est-à-dire transforme avec plus de perfection cette
idée ou cette impression en acte, mouvement, sensation, image, émotion. Le rêve hallucinatoire de
l'état de veille par l'attention contemplative, l'extase
religieuse qui fait des visions, de l'anesthésie, des
stigmates, l'imagination captivée par la parole ou la
lecture, le fanatisme religieux, politique, socialiste,
etc., allumé par des prédications passionnantes ou
persuasives, les impulsions provoquées par les passions bonnes ou mauvaises, ce sont là, en réalité,

des états de conscience particuliers, qui exaltent certaines suggestibilités. ゝ

Mais, et j'appelle l'attention sur ce fait, il est des sujets, et plus nombreux qu'on ne s'imagine, chez qui, dans leur état normal, sans sommeil préalable, sans émotion extraordinaire, la suggestibilité est assez grande pour que tous les phénomènes indiqués : anesthésie, catalepsie, contracture, actes, hallucinations, illusions, etc., puissent être réalisés chez eux par simple affirmation à l'état de veille. Chez eux l'idée reçue actionne suffisamment les centres automatiques pour se transformer en acte; il y a chez eux une réflectivité idéo-motrice, idéo-sensitive, idéo-sensorielle, idéo-dynamique si grande que l'influence modératrice du contrôle n'a pas le temps ou pas la force de faire inhibition.

Voici par exemple un de ces sujets. D'emblée, sans aucun artifice de préparation, sans qu'il n'ait jamais assisté à aucune expérience de ce genre; je lui lève son bras et je dis avec assurance : « Tiens, votre bras est en l'air et vous ne pouvez pas le baisser. »

Et le bras reste en catalepsie ; le sujet, malgré tous ses efforts, ne peut quelquefois le baisser. J'ajoute : « Votre bras est insensible, comme mort. » Et je le pique avec une épingle ; le sujet ne manifeste rien. Je lui dis : « Tenez, voici une pomme. » Et il mange la pomme fictive. Toutes ces suggestions sont réalisées à l'état de veille parfaite, en toute conscience. Je dis : « Dans cinq minutes, vous irez chez le voisin couché au lit n° 5 et vous lui volerez quelque chose. » Le sujet reste impassible. Je lui parle, cherchant à lui faire oublier cette suggestion ; je lui dis même qu'il est honnête et ne commettrait jamais un acte blâmable, réprouvé par la morale. Mais au bout de quelque temps, il ne m'écoute plus que d'un air distrait : ses yeux tendent à se diriger vers le lit numéro 5. Son faciès devient comme rigide et fasciné par l'idée et le point de mire suggéré ; chez quelques-uns on voit comme une lutte intérieure dessinée dans l'attitude et la physionomie ; le plus souvent, après un peu d'hésitation ou mu comme par une impulsion irrésistible, il va accomplir son larcin.

Ceci, je le répète, chez nombre de sujets très suggestibles je le fais d'emblée, sans manœuvre préalable ; l'affirmation seule, plus ou moins énergique, plus ou moins insinuante et prolongée, adaptée à l'individualité du sujet, suffit à inculquer l'idée, à inciter le cerveau à l'accomplir. J'ajoute que ce n'est pas ma personnalité connue d'eux, ma réputation d'hypnotiseur qui les fascine ; j'agis sur des sujets qui ne me connaissent pas ; et une autre personne, non connue, fera exactement ce que je fais. Je ne crée rien; je démontre la *suggestibilité excessive telle qu'elle existe normalement chez beaucoup de personnes.*

Entre cette suggestibilité excessive de quelques-uns et la suggestibilité modérée de beaucoup, tous les intermédiaires existent. Il y a aussi des suggestibilités spéciales ; certains sont suggestibles quant à la sensibilité, quant à la motilité ; ils ne sont pas hallucinables. D'autres sont hallucinables; d'autres sont suggestibles pour certains actes, pour certaines émotions ; les moins suggestibles d'une façon générale peuvent avoir leur corde sensible qui vibre involontairement sous certaines influences suggestives.

L'*autre suggestion* n'est pas une suggestion qu'on se donne volontairement à soi-même, c'est une suggestion née spontanément chez une personne, en dehors de toute influence étrangère appréciable. La spontanéité n'est d'ailleurs qu'apparente. En réalité, toute idée émergeant dans le sensorium est toujours liée à une impression sensorielle ou interne qui donne naissance à une idée ou à une association d'idées en rapport avec des souvenirs accumulés par suggestions antérieures. Quand, par exemple, une sensation douloureuse à la région thoracique, perçue par le cerveau, fait naître l'idée d'une affection du cœur, crée de l'angoisse, des palpitations, de la respiration haletante, des cauchemars nocturnes, quand elle devient le point de départ de conceptions hypocondriaques qui finalement le poussent au suicide, c'est une auto-suggestion, c'est-à-dire une idée consécutive à une impression perçue, idée qui, élaborée par un cerveau spécial, développe une association d'idées, lesquelles idées se transforment en sensations qui engendrent à leur tour de nouvelles idées : des émotions, des actes surgissent ; c'est un dynamisme cérébral complexe que l'impression initiale a créé.

On peut dire d'ailleurs que l'idée communiquée par une autre personne, *l'hétéro-suggestion, s'accompagne toujours d'auto-suggestion ;* car la même idée introduite dans divers cerveaux créera un dynamisme cérébral différent et se réalisera différemment suivant l'individualisme psychique de chacun ; la suggestion n'est pas un fait passif, ce n'est pas une empreinte simplement déposée dans le cerveau. Le centre psychique, fécondé par une suggestion, la transforme avec ses qualités natives, ses modalités héréditaires, ses habitudes et aptitudes acquises par l'éducation, l'imitation, les suggestions antérieures.

Telle est, succinctement exposée, la doctrine de la suggestion telle que nous la concevons.

Qu'est-ce donc que l'hypnotisme ? Il m'arrive souvent de dire : *Il n'y a pas d'hypnotisme.* On croit que je veux être paradoxal, que je lance une boutade humoristique. Et cependant, c'est le fond de mon opinion. Il n'y a pas d'hypnotisme.

On désigne, sous ce mot, un sommeil provoqué par suggestion, fixation d'un point brillant, fascination, sommeil spécial dans lequel le sujet, très suggestible, est susceptible de réaliser divers phénomènes *dits hypnotiques :* catalepsie, contracture, analgésie, actes divers, illusions, hallucinations, émotions, etc.

Pour beaucoup de médecins, ce sommeil hypnotique constitue un état anormal, antiphysiologique, si ce n'est pathologique ; et les phénomènes qui le constituent sont analogues à ceux de l'hystérie ; l'hypnotisme serait une névrose provoquée.

Cette conception est erronée. Et d'abord tous les phénomènes dits hypnotiques sont susceptibles, je le dis encore, d'être réalisés chez beaucoup de sujets par simple affirmation, à l'état de veille parfaite, en toute conscience ; le sommeil provoqué préalable n'est pas du tout nécessaire pour leur production ; les phénomènes dits hypnotiques existent donc sans sommeil, c'est-à-dire sans hypnose, si on entend par ce mot sommeil provoqué. J'ajoute : tous les individus très hypnotisables, c'est-à-dire susceptibles d'être mis par suggestion ou braidisme dans une apparence de sommeil profond, *tous, sans exception,* sont justiciables de la suggestion à l'état de veille, par affirmation. Tous, sans sommeil provoqué, sans braidisme, par la simple idée introduite dans leur cerveau par la parole, pourront devenir analgésiques, contracturés ; je leur crée des hallucinations, des illusions, je leur fais faire des actes divers ; le sommeil que je puis leur suggérer par-dessus le marché n'est lui-même qu'un acte suggéré, comme les autres, qui peut être dissocié d'avec les autres, leur être ajouté, qui peut d'ailleurs ne pas aboutir, alors que d'autres phénomènes suggérés aboutissent.

Parmi les sujets qu'on s'efforce d'amener au sommeil par suggestion ou braidisme, un seul, sur cinq ou six, paraît y arriver. Beaucoup disent ne pas dormir, ne pas avoir dormi, et cependant ils ont manifesté, à la voix de l'opérateur, catalepsie, contracture, analgésie, parfois même hallucinations.

Et parmi ceux qui disent ou croient dormir, beaucoup n'ont sans doute que l'illusion du sommeil, comme ils ont l'illusion d'une sensation gustative, visuelle ou tactile imposée qui n'existe pas. A un sujet suggestible auquel j'ai suggéré le sommeil, qui a les yeux fermés, je demande : « Dormez-vous ? » ; il dit non. J'affirme alors : « Maintenant vous dormez » ; il répond affectivement : « Je dors » et croit ensuite avoir dormi. J'ajoute qu'il en est certainement qui réalisent l'acte physiologique du sommeil ; qui dorment, ronflent, rêvent, ressemblant absolument aux dormeurs naturels. Mais beaucoup peuvent n'avoir du sommeil qu'une apparence plus ou moins grossière et l'illusion. Cela est si vrai, que, à un sujet suggestible, je puis donner le souvenir fictif d'un sommeil qui n'a jamais existé ; je puis lui faire croire qu'il a dormi pendant deux heures et il en est convaincu.

Voici un fait, par exemple, qui montre bien que l'illusion du sommeil n'est pas toujours le vrai sommeil. Une jeune fille de dix-sept ans me consulte pour un tremblement dans le membre supérieur droit, tremblement semblable à celui de la paralysie agi-

tante, et dû en effet à cette maladie, car il a continué
malgré toutes les médications. Pendant le sommeil
naturel, ce tremblement cessait complètement. Or,
par suggestion cette jeune fille arrivait en apparence
de sommeil profond, avec suggestibilité, hallucinabilité, amnésie au réveil. Mais le tremblement persistait,
en dépit de toutes les suggestions, et bien que la malade s'imaginât qu'il avait disparu pendant ce sommeil. Il me semble rationnel de conclure que cet état
de conscience provoqué par suggestion, avec illusion
du sommeil et amnésie au réveil, n'était pas le vrai
sommeil.

Cela posé, faut-il définir l'hypnotisme : sommeil
provoqué? Mais les phénomènes dits hypnotiques
peuvent exister sans sommeil, et lorsque celui-ci
parait exister, il n'est souvent que l'illusion du sommeil.

*Ce qu'on appelle hypnotisme n'est autre chose que la
mise en activité d'une propriété normale du cerveau,
la suggestibilité.* Il n'y a pas d'hypnotisme ; il n'y a
pas d'état spécial méritant ce nom ; il n'y a que des
sujets suggestibles plus ou moins, auxquels peuvent
être suggérés des idées, des actes, des hallucinations.
Certains états d'âme susceptibles de se produire
spontanément ou d'être provoqués peuvent exalter
cette suggestibilité.

Les premiers médecins qui découvrirent cette propriété du cerveau humain la constatèrent seulement
après certaines manipulations exercées sur le corps
et crurent que ces manipulations ou passes créaient
un état nouveau de l'organisme qu'ils appelèrent
magnétique. La suggestibilité, l'hallucinabilité étaient
créées de toutes pièces par le magnétisme.

Plus tard Braid observa que la fixation d'un point

brillant, agissant sur l'œil et le cerveau, produit un sommeil particulier, et que dans ce sommeil on provoque les mêmes phénomènes que ceux réalisés par les anciens magnétiseurs. La suggestibilité, l'hallucinabilité étaient créées de toutes pièces par le *braidisme* ou *hypnotisme* remplaçant l'ancien magnétisme.

Plus tard encore, M. Liébeault constata que la fixation d'un point brillant ou braidisme n'était pas nécessaire pour provoquer le sommeil ; que l'idée seule du sommeil donnée au sujet suffit, et que la fixation d'un point brillant n'agit que par suggestion, que le sommeil provoqué n'est lui-même qu'un phénomène de suggestion.

Plus tard encore, j'ai établi définitivement que le sommeil provoqué n'est pas nécessaire, que les sujets très suggestibles le sont à l'état de veille ; que ce qu'on avait attribué au magnétisme, à l'hypnotisme, au sommeil suggéré, n'est autre chose qu'une propriété normale, plus ou moins développée suivant les sujets, du cerveau humain, la suggestibilité.

Je suppose que la découverte, au lieu d'être faite à la suite des pratiques grossières du magnétisme ou même de l'hypnotisme, ait été faite directement, on aurait établi que tel sujet, actionné par l'affirmation, peut réaliser de la catalepsie, de la contracture, de l'analgésie, des actes divers, de la docilité automatique, de l'obéissance passive, des hallucinations, des actes organiques, du sommeil ; on aurait constaté et étudié directement la suggestibilité de chacun, telle qu'elle existe, ou telle qu'elle peut être accrue par diverses influences : la suggestibilité eût été découverte et la doctrine existerait, sans être associée aux mots hypnotisme et magnétisme. Ces mots n'auraient aucune raison d'être ; on ajouterait tout simplement que certains sujets, peu suggestibles à l'état de veille, le deviennent davantage quand on peut leur suggérer préalablement l'idée du sommeil ; mais que chez les sujets très suggestibles, cette suggestion préalable n'est nullement nécessaire. L'idée de suggestibilité ne serait pas associée à celle d'hystérie, et la doctrine de la suggestion ne serait pas obscurcie par l'idée mystérieuse et antiphysiologique qui s'attache aux mots magnétisme et hypnotisme.

Des suggestions criminelles. Faits expérimentaux. Discussion.

———

Cette entrée en matière était nécessaire, car de la conception vraie de la suggestion, telle que je viens de l'exposer, découlent toutes les applications à la médecine légale.

Quand on a assisté à des expériences de suggestion, quand on a vu l'être fasciné ou hypnotisé par l'opérateur, obéir à sa volonté, docile à ses injonctions, réaliser tous les actes qui lui sont ordonnés, on ne peut s'empêcher d'être profondément impressionné. Et la question se pose : Où est la responsabilité ? Où est le libre arbitre ? Quelle est la part de la suggestion dans les crimes ? Les crimes peuvent-ils être faits par suggestion ?

La question fut nettement posée et résolue affirmativement par le docteur Liébeault en 1866. (*Du sommeil et des états analogues.*)

« L'on peut poser en principe, dit-il, qu'une personne mise en somnambulisme est à la merci de celui

qui l'a amenée dans cet état. J'ai tenté des expériences
qui m'ont confirmé dans cette opinion..... J'ai voulu
m'assurer encore s'il n'est pas possible de leur sur-
prendre des secrets. Un jour, j'affirmai à une jeune
fille endormie que j'étais un prêtre et qu'elle était elle
même une pénitente venue pour se confesser. Cette
petite prit son rôle au sérieux et me fit une confession
de peccadilles charmantes..... Le professeur Blandin,
ayant poussé sur un argument personnel une dame
qu'il avait mise en somnambulisme, en obtint une
réponse telle qu'il jura de ne plus se prêter à une
manœuvre qu'il avait regardée comme un badinage. »

MM. Demarquay et Giraud Teulon citent un fait analogue. « Une dame de la ville, disent-ils, hypnotisée
et interrogée, se prit pendant cet état de sommeil
loquace à répondre à notre curiosité scientifique par
des confidences faites pour satisfaire une tout autre
sorte de curiosité et *tellement graves*, tellement dange-
reuses pour elle-même, qu'aussi effrayés pour la
malade que frappés de notre responsabilité fatalement
engagée, nous nous empressâmes de réveiller la
malheureuse, auteur de ces trop libres communica-
tions. »

Mais ceci n'est rien, ajoute M. Liébeault. On peut
modifier « les sentiments des dormeurs, diriger leurs
actions dans le sens des idées fixes qu'on leur impose.
Que d'abus graves de toutes sortes peuvent sortir de
là ! Ce que j'avance résulte pour moi d'expériences
que je tentai sur une jeune fille très intelligente et
qui, en état de sommeil profond, était la plus revêche
et la plus indépendante de caractère que j'eusse ren-
contrée. Cependant, je parvins toujours à m'en rendre
maitre. J'ai pu faire naître dans son esprit les réso-
lutions les plus criminelles, j'ai surexcité des passions

à un degré extrême ; ainsi il m'est arrivé de la mettre
en colère contre quelqu'un et de la précipiter à sa
rencontre le couteau à la main ; j'ai déplacé en elle le
sentiment de l'amitié ; et, avec le même instrument
tranchant, je l'ai envoyée poignarder sa meilleure
amie qu'elle croyait voir devant elle, d'après mon
affirmation. Le couteau alla s'émousser contre un
mur. Je suis parvenu à déterminer une autre jeune
fille, moins endormie, à aller tuer sa mère, et elle s'y
dirigea, en pleurant, il est vrai. »

Les expériences de M. Liébeault ont été confirmées
depuis par tous les médecins qui se sont occupés
d'hypnotisme. Il est certain que des simulacres de
crimes peuvent être réalisés par beaucoup de sujets,
soit dans l'état de sommeil provoqué, soit dans l'état
de veille par suggestion. Voici, comme exemple, une
de mes expériences relatée dans mon livre : *De la
suggestion et de ses applications à la thérapeutique.*

A un homme âgé de de 44 ans, très suggestible,
après lui avoir préalablement suggéré le sommeil,
je montre contre une porte une personne imaginaire, en lui disant que cette personne l'avait
insulté ; je lui donne un pseudo-poignard (coupe-
papier en métal) et lui ordonne d'aller la tuer. Il se
précipite et enfonce résolument le poignard dans la
porte ; puis reste fixe, l'œil hagard, tremblant de tous
ses membres. « Qu'avez-vous fait, malheureux ? Le
voici mort. Le sang coule. La police vient. » Il s'arrête terrifié. On l'amène devant un juge d'instruction
fictif, mon interne ! « Pourquoi avez-vous tué cet
homme ? » — « Il m'a insulté. » — « On ne tue pas
un homme qui vous insulte. Il fallait vous plaindre à
la police. Est-ce que quelqu'un vous a dit de le tuer ? »
Il répond : « C'est M. Bernheim. » — Je lui dis :

« On va vous mener devant le procureur. C'est vous
seul qui avez eu l'idée de tuer cet homme. Je ne vous
ai rien dit ; vous avez agi de votre propre chef. »

On le mène devant mon chef de clinique faisant
fonction de procureur. « Pourquoi avez-vous tué cet
homme ? » — « Il m'a insulté. » — « On ne répond
pas à une insulte par un coup de poignard. Etiez-
vous dans la plénitude de votre conscience ? On dit
que vous avez le cerveau dérangé parfois. » — « Non,
monsieur. » — « On dit que vous êtes sujet à des
accès de somnambulisme. Est-ce que vous n'auriez
pas obéi à l'influence d'une autre personne qui vous
aurait fait agir ? » — « Non, monsieur. C'est moi seul
qui ai agi, de ma propre initiative, parce qu'il m'a
insulté. » — « Songez-y, il y va de votre vie. Dites
franchement, dans votre intérêt, ce qui est. Devant le
juge d'instruction vous avez affirmé que l'idée de tuer
cet homme vous avait été suggérée par M. Bernheim. »
— « Non, monsieur, j'ai agi tout seul. » — « Vous
connaissez bien M. Bernheim ; vous allez à l'hôpital
où il vous endort ? » — « Je connais M. Bernheim,
parce que je suis en traitement à l'hôpital où il m'élec-
trise pour guérir ma maladie nerveuse. Je ne puis pas
vous dire qu'il m'a dit de tuer cet homme, puisqu'il
ne m'a rien dit. » Et le procureur improvisé ne put
lui arracher la vérité, puisque la vérité pour lui était
ma suggestion dernière : qu'il avait agi de son propre
mouvement.

Des expériences de ce genre peuvent être faites chez
nombre de sujets, et cela, j'insiste, sans sommeil préalable chez les très suggestibles. L'affirmation suffit
à les mettre dans l'état psychique spécial pour réaliser
le rôle hallucinatoire actif qu'on leur impose. Mon
ami le professeur Liégeois a signalé dans son livre

De la suggestion et du somnambulisme dans leurs rap-
ports avec la jurisprudence et la médecine légale,
nombre d'expériences analogues. Des sujets honnêtes
ont été transformés en voleurs, assassins, escrocs,
faussaires, parricides, etc.

Ces expériences cependant, alors même qu'elles
réussissent, ne sont pas toutes démonstratives ; toutes
ne prouvent pas qu'un crime réel peut être commis
par suggestion. Les crimes que vous faites commettre,
a-t-on dit, à vos sujets, sont des *crimes de laboratoire.*
Votre homme auquel vous donnez un couteau à
papier sait très bien que ce couteau est une arme
inoffensive, il l'aplatit sans crainte sur la poitrine de
son adversaire ou sur la porte qui est censée le représenter, Il sait que le pistolet qu'il va décharger ne
contient pas de balle. Voilà une jeune fille à laquelle
vous donnez un poison fictif qu'elle verse dans un
verre et qu'elle fait boire à sa mère! Elle vous obéit
parce qu'elle sait que c'est une expérience, que c'est
vous qui agissez en elle, et que votre intention n'est
pas d'empoisonner sa mère. Leur confiance en vous
les rend dociles à la suggestion ; ils se savent en
représentation ; ils jouent de bonne foi la comédie
que vous leur imposez.

Cette objection a été développée particulièrement
par le regretté Delbœuf et par M. Gilles de la Tourette. Sans doute cela est vrai pour certains sujets. Ils
n'ont pas perdu le sentiment de leur identité ; ils
jouent leur rôle sans conviction ou avec la conviction
qu'ils jouent un rôle. Il est des suggestionnés ou
hypnotisés, si l'on veut, qui sont très dociles, restent
en catalepsie, font de la contracture, exécutent les
ordres, se livrent aux actes commandés, et qui ensuite, revenus à leur état normal, disent avoir agi

par complaisance ; il leur a semblé qu'ils simulaient de bonne foi. Cependant si on recommence chez quelques-uns les mêmes expériences, ils obéissent comme la première fois ; ceux qui sont intelligents finissent par se rendre compte que leur complaisance est forcée, que leur simulation est plus ou moins obligatoire ; il en est cependant, nous le savons, qui ont une certaine capacité de résistance. On peut supposer que ceux-là feraient le simulacre d'un crime, mais reculeraient devant un crime réel.

Les hallucinations suggérées ne se réalisent pas chez tous avec le même éclat. Faites voir à deux sujets une rose fictive à côté d'une rose réelle ; l'un verra la première moins distincte, moins nette, et dira parfaitement quelle est la réelle, quelle est la fictive ; l'autre les verra aussi nettes l'une que l'autre, et ne pourra, malgré tous ses efforts, les différencier. Présentez à plusieurs un verre de vin imaginaire à boire ; l'un ne fera aucun geste, il croira cependant avoir bu son vin ; l'hallucination a été passive. L'autre portera sa main à la bouche comme pour boire, mais ne fera pas de mouvement de déglutition ; l'hallucination a été floue, ébauchée. Le troisième portera le verre à la bouche, avalera le liquide, fera tous les mouvements de déglutition, fera claquer sa langue ; et s'il boit ainsi plusieurs verres fictifs, il manifestera les signes de l'ivresse. Chez ce dernier l'hallucination est active et complète ; elle est vraie comme la réalité.

Pour que le sujet soit identifié avec l'hallucination, il ne suffit pas que celle-ci existe, même très nette ; il faut de plus que l'impression émotive de l'image existe, que tout l'être moral du sujet se comporte comme en face de l'image réelle. Je suggère par exemple à quelqu'un : « Voici un chien ; il est méchant, il va vous mordre. » Le sujet voit le chien, éloigne son bras, met la main sur le mollet où il a reçu une morsure fictive ; tout cela sans le moindre signe d'effroi, sans que sa physionomie traduise la moindre anxiété. Il dit que le chien est là, qu'il sent sa morsure, que son sang coule; il en parle froidement et d'un air indifférent, comme si ce n'était pas de lui qu'il s'agissait. Il est halluciné, mais son être moral n'est pas identifié avec l'hallucination. Ce sujet, si je lui suggère d'aller frapper son voisin, ira mollement, sans conviction, et le frappera mollement, pour la forme. On voit qu'aucune passion n'anime sa main.

N'en est-il pas de même pour les auto-suggestions spontanées, par exemple dans le rêve naturel ? Quelquefois nous savons que nous rêvons. Ou bien, sans le savoir précisément, nous rêvons d'une façon passive : notre vraie conscience subsiste à côté de la conscience faussée. On subit les actes les plus terrifiants, on est en plein naufrage, on est condamné à mort, on monte à l'échafaud, on voit tuer ses parents et amis les plus chers, et cela sans ressentir aucune émotion. Le cœur ne bat pas plus vite, la respiration n'est pas accélérée; on reste indifférent au drame dont on est acteur, comme s'il s'agissait d'un autre soi-même. Le sentiment de notre identité est plus fort que celui de l'hallucination qui frappe nos sens sans atteindre le fonds moral de notre être. Dans ce cas, comme chez certains suggestionnés à l'état de veille, c'est une comédie qui se joue en nous et par nous, dont nous sommes les acteurs plus ou moins convaincus.

Voici donc un premier fait d'observation. Les actes exécutés par suggestion ne le sont pas toujours avec conviction ; *le sujet n'est pas identifié avec le personnage qu'il joue.*

Un second fait est celui-ci : Beaucoup de sujets *résistent aux suggestions* qu'on veut leur imposer : car c'est une erreur de croire que tout hypnotisé appartient corps et âme à son hypnotiseur, que c'est un automate pur, sans volonté, sans résistance, sans initiative, taillable et malléable à volonté, à la merci de l'opérateur. Il en est qui conservent beaucoup de volonté pour certaines choses, qui n'accomplissent que les suggestions qui leur sont agréables ou indifférentes. Voici un très suggestible ; je le rends analgésique, je le contracture, je le paralyse, je l'hallucine. Je lui ordonne de voler une montre : il refuse ; il ne veut pas voler. J'ai beau insister, lui suggérer qu'il n'a pas de scrupules, qu'il est malhonnête, etc. Je ne parviens pas à briser sa résistance. Voici une jeune fille à laquelle j'ai suggéré de dormir ; elle dort en apparence. Je lui suggère d'être insensible et de ne rien sentir de tout ce que je lui ferai. Alors je la pique avec une épingle, j'enfonce celle-ci dans son nez, je chatouille la muqueuse oculaire ; elle ne manifeste rien. Je relève sa robe pour la découvrir. Immédiatement elle rougit et réagit ; son instinct de pudeur se révolte, comme si elle était éveillée. Quelquefois elle ouvre les yeux et se réveille, comme déshypnotisée par l'impression morale ressentie.

D'autres, après une résistance plus ou moins prolongée, après avoir lutté quelque temps contre la suggestion, finissent par céder. Entre l'obéissance passive, automatique, comme impulsive, et la résistance inéluctable tous les degrés intermédiaires existent.

M. Liébeault ne considère pas tous les suggestibles comme aptes à réaliser des actions criminelles : « Ce sont seulement les dormeurs somnambules profonds, chez lesquels a disparu toute initiative et toute activité sensible et intellectuelle. Ceux-là, impuissants à faire effort pour sentir, remuer, discuter et agir, sont de toute nécessité impuissants à résister aux méchantes tentations. Ne trouve pas qui veut un somnambule au plus haut degré de concentration d'esprit ; je n'ai rencontré que 4 à 5 sujets sur 100 parmi ceux que j'ai soumis à l'hypnotisation, sujets par l'intermédiaire desquels on aurait pu sûrement faire commettre les crimes les plus épouvantables et que l'on n'exécute que dans certains états de folie. »

C'est sur des sujets de ce genre choisis à la clinique de M. Liébeault que M. Liégeois a fait et réussi ses mémorables expériences.

« Ce qui a trompé, ajoute M. Liébeault, les expérimentateurs qui ont admis l'impossibilité de faire réaliser des crimes, c'est le choix peu réfléchi qu'ils ont fait de ceux auxquels ils ont voulu les imposer. Aussi ne faut-il pas s'étonner s'ils ont rencontré dans ceux-ci des sujets désobéissants aux ordres donnés, du moment que ceux-ci étaient contraires à leurs principes moraux ou à leurs intérêts... Et encore ces dormeurs auraient-ils peut-être cédé à leurs injonctions, si elles avaient été insinuées dans leur esprit avec art et insistance (1). »

« Des faits que l'observation nous fournit, dit Delbœuf, on peut donc inférer que l'hypnotisé conserve une part suffisante d'intelligence, de raison, de *liberté*, je souligne le mot, pour se défendre de réaliser des actes inconciliables avec son caractère et ses mœurs (2). »

---

(1) Liébeault. *Suggestions criminelles hypnotiques. Revue de l'hypnotisme* 1895, p. 289.

(2) Delbœuf. *L'hypnose et les suggestions criminelles. Revue de l'hypnotisme* 1895, p. 266.

M. Delbœuf aurait raison si, au lieu de dire l'hypnotisé, il disait certains hypnotisés. Il a eu tort de
généraliser. Sans doute, les faits que je viens de re-
later doivent engager à ne pas prendre à la lettre
tous les crimes réalisés par suggestion expérimentale ;
tous les crimes de laboratoire ne sont pas de vrais
crimes ; tous les suggestibles ne sont pas aptes à
perpétrer des crimes sérieux. Mais le vrai crime aussi
n'est pas à la portée de tout le monde. N'est pas criminel qui veut.

Si les faits précédents montrent que tous les sujets
ne sont pas justiciables des suggestions criminelles,
ceux que je vais exposer montrent que certains le
sont. Si beaucoup savent résister aux suggestions dé-
sagréables, si d'autres accomplissent l'acte suggéré
comme des comédiens qui jouent leur rôle, il en est
qui n'ont aucun pouvoir de résistance, il en est qui
sont identifiés avec leur rôle. La conscience fausse
domine chez eux et annihile la conscience vraie.
Ceux-ci agissent avec conviction ; ils pleurent de
vraies larmes ; leur figure exprime une émotion
vraie ; ils croient que c'est arrivé ; ils vont au crime.

Voici une jeune fille honnête ; je lui suggère le
sommeil et l'insensibilité. Elle ne sent rien de ce que
je lui fais. Elle, je puis la découvrir, la déshabiller,
sans aucune protestation, sans que la face trahisse la
moindre rougeur. Joue-t-elle la comédie ? Jouait-elle la
comédie, la jeune fille endormie qui, prenant M. Liébeault pour son confesseur, lui confessa ses peccadilles ?

Voici une expérience faite par M. Auguste Voisin (1). « Nous avons suggéré à une femme, pendant
le sommeil provoqué, d'aller, à son réveil, s'emparer

____

(1) *Revue de l'hypnotisme* 1894, p. 216.

d'un couteau véritable et d'aller en frapper un mannequin couché dans un lit. Ce mannequin affublé d'une robe et coiffé d'un bonnet simulait à s'y méprendre une femme couchée. En outre, nous lui avons intimé fermement l'ordre de ne dire à personne l'action qu'elle allait commettre et surtout de ne pas dévoiler que c'était nous qui lui avions commandé cet acte. A son réveil, elle se dirige rapidement vers la table, saisit l'arme et, s'approchant brusquement du lit, elle frappa la femme couchée d'un grand coup de couteau, machinalement, sans la moindre expression sur le visage, agissant comme si elle était mue par un ressort. Elle attendit un instant, puis revint à sa place, et ne parut se souvenir de rien.

« Cependant, au bout de trois jours, nous revoyons notre sujet : la malade était triste, sombre, le visage pâli, les traits tirés comme à la suite de grands chagrins et de longues veillées. « Depuis trois nuits, dit-elle avec anxiété, je ne dors plus ; j'ai d'affreux cauchemars, je crois voir une femme qui me poursuit sans cesse et m'accuse de l'avoir assassinée. Je ne puis me débarrasser de cette horrible obsession. » Mise de nouveau dans le sommeil hypnotique, nous lui demandons s'il était vrai qu'elle avait assassiné et qui lui avait ordonné ce crime. Elle nous répondit qu'en effet elle avait assassiné et que c'était nous-même l'instigateur du crime. Nous lui disons alors que toute cette histoire de crime n'était qu'une plaisanterie, que la femme n'était qu'un mannequin, et que désormais ses nuits seraient calmes et sans cauchemars, sans la vision de l'assassinée. Cette suggestion se réalisa ; elle reprit sa physionomie tranquille ; son sommeil redevint paisible, sans nouvelles visions terrifiantes.

« Cette expérience, ajoute M. Voisin, prouve que notre sujet qui a accompli, par suggestion, un acte criminel expérimental, n'était nullement convaincu qu'il s'agissait d'une plaisanterie, qu'il a su au contraire conserver un vague souvenir d'un acte grave, commis par lui-même, acte dont la gravité l'obsédait et le faisait souffrir cruellement. Cette souffrance, cette anxiété qui a suivi l'accomplissement de la suggestion criminelle sont la meilleure preuve de la sincérité du sujet. »

Voici une autre expérience due à M. Albert Bonjean (*L'hypnotisme, ses rapports avec le droit et la thérapeutique*, Paris 1890).

Un jour, nous disons à Mlle P... : « Madame M... a un superbe bracelet. Un quart d'heure après être réveillée, vous prendrez ce bracelet et vous le cacherez dans une de vos poches. » Le vol se commet dans les conditions prescrites. Mlle P... ayant été se rasseoir, Mme M... s'écrie : « Tiens, c'est drôle, je ne retrouve plus mon bracelet. Je l'avais pourtant quand je suis venue. » Puis elle fait mine de chercher un peu partout, sans rien trouver, naturellement. La compagnie s'étonne ; on regarde sous la table, on examine les meubles, on secoue les tapis. En fin de compte, quelqu'un propose de se fouiller. Quand Mlle P..., qui trouvait tout cela très singulier, mais qui de la meilleure grâce. fit comme tout le monde, constata la présence sur elle du bracelet disparu, elle pâlit affreusement et se mit à fondre en larmes, s'écriant tout éperdue : « Je ne suis pas une voleuse, savez-vous ! Si j'avais le bijou en poche, c'est que quelqu'un l'y a mis. »

Il fallut assez de temps pour calmer ce désespoir très sincère. On attribua la mésaventure à une mysti-

fication imaginée par un des plus joyeux convives.
Tous intervinrent pour affirmer qu'il n'en était
pas autrement et l'incident fut clos de cette manière.
« Mlle P... est l'honnêteté incarnée, et nous la savons
incapable, non seulement d'improbité, mais encore de
la plus légère incorrection. »

Ce qui est vrai pour la suggestion provoquée l'est
aussi pour l'auto-suggestion, celle qui se fait dans le
sommeil par exemple. Si, comme nous l'avons dit,
certains rêves sont vus, sans être vécus, s'ils n'atteignent pas le fonds moral de notre être, si le sentiment
de notre identité persiste à travers les divagations des
songes, n'est-il pas d'autres rêves où nous ne sommes
plus nous-mêmes, où nous sommes incarnés, corps
et âme, dans le personnage que l'imagination nous
impose ? Un assassin se jette sur nous, nous tom-
bons dans un précipice. Quelle épouvante ! Le pouls
s'accélère, la respiration devient haletante, la face
pâle, anxieuse, des cris de terreur, des gémisse-
ments plaintifs s'échappent. Et on se réveille, sortant
d'un terrible cauchemar, avec un soupir de soulage-
ment ! Voilà un rêve vécu. Et le rêve peut être tellement vécu qu'il devient somnambulique ; le rêveur se
lève, va, travaille, se livre à des actes divers, dangereux pour lui, dangereux quelquefois pour les autres.
Ce n'est certes pas une comédie. *Un somnambule
d'une parfaite moralité*, dit A. Maury, *peut dans sa
vie somnambulique devenir un criminel.*

Voici quelques faits relatés par M. Liébeault :

« On lit dans Brillat-Savarin que le prieur d'un cou-
vent, nommé Dom Duhaguet n'échappa à la mort que
parce qu'il n'était pas encore couché lorsqu'un des religieux, étant dans un accès de somnambulisme, vint
percer son lit de trois grands coups de couteau. Il

avait rêvé que Dom Duhaguet venait de tuer sa mère et que l'ombre sanglante de celle-ci lui était apparue pour demander vengeance.

On lit dans Orfila, qu'une nuit, étant couché dans une auberge, un somnambule se mit à crier au voleur. On accourut, on lui demande ce qu'il avait : « Ah ! c'est toi, coquin »,répondit-il, en tirant un coup de pistolet. Poursuivi pour cet acte, il ne fut acquitté qu'en prouvant qu'il était sujet au somnambulisme.

Le 1ᵉʳ janvier 1843, un aubergiste entendant du bruit dans la chambre où couchait un jeune voyageur, s'y rendit et fut blessé d'un coup de couteau. Cet homme rêvait qu'on venait l'assassiner et se défendait. Sur le rapport des médecins, une ordonnance de non-lieu fut rendue.

Relatons encore les faits suivants : Un élève du séminaire de Saint-Pons, raconte le *Moniteur* du 2 juillet 1868, se lève pendant la nuit, se rend vers l'un de ses professeurs et le frappe de trois coups de couteau qui, mal dirigés, n'atteignent que le matelas. C'était la première fois que le somnambulisme se manifestait chez ce jeune homme. Le lendemain, quand on lui apprit son acte qu'il ignorait complètement, l'élève manifeste ses regrets et le désir de rentrer chez lui.

Les journaux américains de 1876 rapportèrent le fait d'un enfant qui, pendant un accès de somnambulisme, alla tuer un de ses camarades et qui, mis en prison, tenta, pendant l'accès suivant, de tuer un de ses co-détenus.

Le somnambule de l'hôpital Saint-Antoine, dont le docteur Mesner a raconté l'histoire, se livrait à des vols incessants pendant ses crises. Ce sont ces vols qui décélèrent l'existence du phénomène auquel il était sujet. Il servait comme garçon chez un coiffeur de Paris où la disparition d'un certain nombre d'objets attira l'attention. On découvrit ces objets dans la chambre du somnambule et il fut même condamné pour ce vol par le tribunal.

En mars 1877, les journaux ont parlé d'une femme qui se volait elle-même. Les soustractions ayant éveillé de sa part la pensée qu'un voleur s'introduisait la nuit chez elle, elle mit son fils en surveillance et celui-ci ne découvrit pas sans étonnement quel était le voleur.

Ce qui se fait dans le somnambulisme naturel ne peut-il se faire dans le somnambulisme provoqué ?

Quand on a expérimenté sur beaucoup de sujets de toutes conditions sociales, sans enthousiasme et sans parti pris, on arrive à cette conviction absolue que tous les actes réalisés par suggestion ne sont pas de pure complaisance, mais donnent aux sujets l'illusion parfaite de la réalité, et que beaucoup, parmi les plus honnêtes, peuvent être conduits à des actes délictueux ou criminels.

Que se passe-t-il en eux, au moment où ils accomplissent l'acte suggéré ? Tous n'obéissent pas au même mécanisme psychique pour le réaliser. Il en est qui agissent comme des impulsifs. L'idée reçue est mûrie par le cerveau ; la face concentrée exprime ce travail d'incubation souvent très court. Leur état d'âme se modifie ; ils se lèvent automatiquement et vont, comme mus par une force invisible, droit au but, sans réflexion apparente. Que se passe-t-il dans leur cerveau ? Est-il sous l'empire d'hallucinations, d'idées délirantes ? A-t-il conscience d'un mobile illusoire qui le fait agir ? Ou bien est-ce un acte automatique, est-ce une idée fixe qui les domine, l'obsession de faire l'acte commandé ? Je crois qu'il en est parfois ainsi. L'épileptique qui se précipite et tue sait qu'il tue, mais il ne sait pas toujours pourquoi il tue. Certains aliénés disent : « J'ai une idée folle de mettre le feu à la maison ou de tuer mon enfant. » — « Pourquoi, dans quel but? N'aimez-vous pas votre enfant? » — « Si, je l'aime. Je sais que c'est mal ; je n'ai aucune raison de le tuer. C'est plus fort que moi. » J'ai vu un homme qui alla supplier la police de l'arrêter, parce qu'il avait l'idée fixe de mettre le feu à une meule de paille. La police crut à une plaisanterie et ne l'arrêta pas. Il alla mettre le feu à la meule. Il paraissait sain d'esprit, sauf cette obsession. Je crois que la suggestion peut réaliser sur certains sujets un état psychique semblable ; *une impulsion instinctive aveugle et sans raison vers l'acte suggéré.* C'est une folie impulsive passagère que la suggestion a faite.

Un honnête homme a pu commettre un acte monstrueux sous l'influence d'une obsession créée par l'auto-suggestion. L'hétéro-suggestion ne peut-elle réaliser le même phénomène ? La façon dont certains somnambules exécutent l'acte suggéré expérimentalement le démontre. Pourquoi le font-ils ? Ils ne savent pas. C'est une idée. Voilà tout ce qu'ils répondent. Quelques-uns, l'acte accompli, n'ont plus aucun souvenir de ce qu'ils viennent de faire. Un jour je rencontrai dans un magasin une jeune dame fort intelligente, douce de caractère, d'une honnêteté et d'une sincérité à toute épreuve, nerveuse ; son mari l'endormait souvent dans un but thérapeutique. Elle me dit : « Je n'ose pas vous regarder. Je suis sûre que je dormirais. » Je réponds : « Il est inutile que vous me regardiez, vous dormez sans cela. » Immédiatement ses yeux se ferment ; elle est en apparence de sommeil. Je prie son mari présent de lui faire une suggestion pour le réveil. Il lui fait celle de me tirer les oreilles. Je la réveille, me tenant à distance. Aussitôt elle vient sur moi et me tire les oreilles, ce qu'elle n'aurait jamais osé faire normalement, nos relations n'étant pas très familières. « Pourquoi faites-vous cela ? » lui dis-je. « Je ne sais, répond-elle, c'est une idée. Je ne me rends pas compte pourquoi je le fais. Mais je ne peux faire autrement. » — « C'est une suggestion de votre mari. Et s'il vous avait suggéré de me tuer avec un poignard? » — « Je l'aurais fait », dit-elle, d'un ton bref et sûr qui semblait bien affirmer que l'acte serait aussi net que la parole.

Ce n'est pas toujours l'obsession aveugle ou l'impulsion quasi-automatique qui accomplit l'acte. L'idée suggérée n'est pas acceptée telle quelle, dans sa brutalité; avant de se transformer en acte, elle se transforme elle-même en évoquant d'autres idées, des souvenirs fictifs, des hallucinations qui la justifient ou l'excusent. Je dis par exemple à quelqu'un : « Dans dix minutes, vous irez voler ce portemonnaie sur la table. » Le sujet obéit. Je lui demande : « Pourquoi avez-vous volé ? » — « C'est pour reprendre ce qu'il me doit. Je lui ai prêté de l'argent et il n'a pas voulu me le rendre. C'est une restitution, ce n'est pas un vol. » Je n'ai pas créé un voleur, à proprement parler; je n'ai pas produit une perversion du sens moral. L'imagination facile du sujet a tourné la difficulté. Arrêtée par l'idée morale préexistante dans le cerveau, native ou suggérée par l'éducation, elle a créé un souvenir illusoire à la faveur duquel le vol devenait licite et la suggestion réalisable. Je dis au sujet : « Voici un pistolet chargé. Vous tuerez cet homme. » Il tire sur lui. Si je lui demande la raison

de son acte, il répond qu. l'autre l'a provoqué, l'a
insulté. Il n'a fait que se défendre. Dans ce cas encore,
ce n'est pas une impulsion simple, ce n'est pas une
perversion morale, c'est une hallucination qui a fait
le crime, auto-suggestion hallucinatoire ajoutée à la
mienne pour lui fournir un prétexte rationnel. Je
puis d'ailleurs, si l'auto-suggestion ne me prête pas
son concours, créer cette hallucination, le souvenir
illusoire justificatif ; je puis dire : « Voici un homme
qui en veut à votre vie, ou qui a insulté votre
femme. Tuez-le pour venger votre honneur. » Certains sujets n'hésiteront pas à le faire.

Dans tous ces cas, je n'ai pas transformé un honnête
homme en criminel ; j'ai fait commettre une mauvaise
action par obsession ou par erreur.

On conçoit d'ailleurs que chez les sujets dont le
sens moral est faible et la suggestibilité très grande,
l'imagination n'a pas besoin d'être actionnée par une
hallucination ou une obsession. Le terrain est plus
accessible aux idées criminelles. A ceux-ci, on peut
suggérer directement qu'ils voleront pour voler,
qu'ils tueront pour tuer. Leur conscience morale
faible ou absente ne proteste pas.

On comprend aussi qu'un fonds moral solide inné
ou acquis par l'éducation constitue lui-même une
suggestion primordiale antérieure qui neutralise ou
rend plus difficiles les contre-suggestions ultérieures.
Si je dis à un somnambule : « Personne ne pourra
plus vous endormir que moi », il pourra être désormais réfractaire aux tentatives de sommeil provoqué
faites par d'autres. Je lui dis : « Si on vous suggère
de voler, de tuer ou de commettre n'importe quel
acte mauvais, vous ne le ferez pas. » Il pourra être
désormais cuirassé contre les suggestions criminelles

dont il sera l'objet. Or, une personne douée de sens moral, élevée dans des principes religieux ou philosophiques qui se sont comme incarnés dans son âme, aura en elle une certaine force de résistance. Dans son enfance, on a inscrit dans son cerveau : « Tu ne tueras pas, tu ne voleras pas ! » Et cette suggestion primordiale dans un cerveau vierge pourra être assez fortement enracinée dans la conscience pour la prémunir contre les idées criminelles qu'on voudra lui suggérer dans la suite. Elle pourra faire un crime par impulsion ou hallucination ; elle ne le fera pas ou le fera plus difficilement avec l'idée de faire un crime.

III

De la suggestion démoralisatrice et moralisatrice.

De tout ce qui précède je conclus qu'*un honnête homme peut, par suggestion, faire un crime.* Peut-il devenir moralement criminel ? La suggestion peut-elle directement affaiblir et pervertir le sens moral chez des sujets qui ont ce sens développé ?

Il est certain que si ce sens n'est que moyennement développé, s'il n'est pas d'une solidité parfaite, la suggestion expérimentale peut faire ce qu'elle fait tous les jours dans la vie courante : pervertir un enfant, débaucher une jeune fille ingénue ou peu résistante, entraîner à des actes délictueux par l'entraînement de l'exemple et des insinuations répétées des natures relativement honnêtes, un peu faibles. D'autre part, ces sujets momentanément pervertis par une mauvaise suggestion peuvent être ramenés au bien par une bonne ; la suggestion préalable du sommeil, l'hypnotisme, n'est pas nécessaire pour cela. Une parole persuasive prononcée par une personne autorisée agira aussi bien, dans l'état de veille, que dans l'état de sommeil vrai ou imaginaire provoqué !

Sans doute, une âme foncièrement et solidement honnête peut être momentanément égarée par la suggestion ; je ne pense pas qu'elle puisse être foncièrement dépravée par elle ; le sens moral ne peut pas chez elle être détruit, pas plus qu'on ne peut le créer chez ceux qui ne l'ont pas. Delbœuf a, dans une certaine mesure, raison de dire : « L'hypnotisé (il aurait dû dire : certains hypnotisés) n'est pas si peu lui que d'autres inclinent à le croire. Malgré toute sa docilité superficielle, il y a des choses qu'il ne fera absolument pas. Chérubin ne fera pas Jack l'Eventreur, ni Marie Alacoque la Marion Delorme. » Mais les anges et les saints sont rares ; les hommes les plus honnêtes ont quelques faiblesses, quelques germes de défaillance morale que la suggestion peut développer.

Peut-elle, agissant en sens contraire, bienfaisante, créer le sens moral absent ? Cette question intéresse au plus haut point le socialiste et le médecin-légiste. Elle s'impose, nous le verrons, lorsqu'il s'agit de juger la responsabilité morale. Durand (de Gros) écrivait en 1860 : « Le braidisme nous fournit la base d'une orthopédie intellectuelle et morale qui certainement sera inaugurée un jour dans les maisons d'éducation et les établissements pénitentiaires. »

Cette orthopédie morale a cependant ses limites : l'enfant naît avec un certain fonds psychique, je dirai volontiers avec un certain fonds de suggestions ataviques. D'une part, il reproduit certains caractères physiques, traits de physionomie, allures, gestes, intonation de voix et jusqu'à certains tics ou certaines difformités d'un parent ou d'un ancètre plus ou

moins éloigné ; d'autre part, il reproduit certains caractères moraux et intellectuels qui peuvent constituer l'un des types psychiques héréditaires de la
famille.

Ce n'est pas toujours dans les générateurs directs
qu'on trouve l'équivalent des germes moraux et
psychiques qu'on voit évoluer chez l'enfant. Il en est
d'eux comme des germes morbides ; ceux-ci aussi
peuvent, restés latents chez les parents, se développer
seulement chez l'un des descendants.

Ainsi en est-il de l'empreinte physique et morale
qui, modifiée par des influences diverses et inconnues,
plus ou moins amendée ou neutralisée par la combi-
naison des facteurs de la génération, se retrouve cependant bien reconnaissable chez certains ascendants
et descendants.

Quoi qu'il en soit, l'enfant naît un peu ce qu'il est ;
son avenir moral et psychique est dans l'œuf ; il a
des instincts, des aptitudes, des modalités nerveuses
et intellectuelles qu'il apporte au monde et qui subis-
sent une évolution jusqu'à un certain point fatale.
Voici deux frères élevés dans le même milieu, soumis
aux mêmes exemples, à la même discipline, à la
même éducation : l'un sera doux, docile, laborieux,
honnête ; l'autre sera indocile, paresseux, mauvais,
n'écoutant que ses penchants vicieux. Les parents
useront sur lui sans résultat toute leur influence :
châtiment, prédication, suggestion religieuse, rien
n'y fera. La suggestion dans le sommeil provoqué
sera infructueuse comme le reste. Chez tel autre,
l'influence maternelle ne parvient qu'à recouvrir le
naturel d'un vernis trompeur qui le masque ; le
naturel revient au galop, dès que l'enfant vole de ses
ailes.

Chez tel autre, cette influence bien dirigée réprime
ou atténue les instincts héréditaires moins profondément incarnés, elle corrige dans une certaine mesure
l'œuvre de la nature ; la suggestion est, dans ces cas,
plus ou moins efficace.

Tels parents robustes et sains procréent un monstre
physique ; tels autres, sains d'esprit et de corps, procréent un monstre moral incurable.

Entre ces cas extrêmes et intermédiaires, enfant né
docile et bon, enfant né avec quelques mauvais instincts, susceptibles d'être corrigés par l'éducation,
enfant né vicieux et rebelle à toutes les suggestions
morales, toutes les transitions existent.

La suggestion par l'exemple, l'instruction et l'éducation, peut développer les germes qui existent ; elle
peut augmenter la docilité naturelle, inspirer le goût
du travail, exalter les instincts généreux, développer
les aptitudes morales et intellectuelles qui sont à
l'état embryonnaire. Elle ne peut pas les créer chez
ceux qui en sont dépourvus. Là où le sens moral
n'existe pas, aucune suggestion, je le crains, ne le
fait naître, pas plus que l'éducation physique ne peut
faire pousser un membre qui fait défaut. L'une ne
peut sans doute remédier à certaines perversions
instinctives incurables, pas plus que l'autre ne peut
supprimer certains vices de conformation.

Mais ce sont là, fort heureusement, des cas extrêmes. La plupart des enfants naissent avec des germes bons et mauvais, la plupart des hommes ont des
instincts bons et mauvais. La suggestion bien dirigée
peut développer les uns, imposer silence aux autres.

J'ai souvent été consulté par des parents pour des
enfants ayant certaines perversités précoces ; celles
qui sont acquises par de mauvaises fréquentations

sont justiciables de la suggestion ; celles qui sont natives résistent d'ordinaire aux suggestions les plus énergiques, alors même que le sujet peut être mis en apparence de sommeil profond.

Mais l'hypnotisme, c'est-à-dire la suggestion exaltée par le sommeil provoqué, si on veut l'appeler ainsi, ne fait pas, je crois, plus de merveille dans ce sens qu'un professeur sagace et expérimenté, sachant manier l'enfant à l'état de veille et lui introduire l'idée dans le cerveau.

Revenons aux suggestions malfaisantes. On dira : En admettant que la suggestion hypnotique puisse faire perpétrer des crimes, cela est rare. Y a-t-il des exemples de crimes réels qu'un hypnotiseur ait fait commettre ? Parcourez les annales des tribunaux. Vous trouverez quelques exemples d'attentats commis sur des somnambules, vous ne trouverez pas d'exemple certain d'attentat commis par le somnambule sur l'ordre de l'endormeur ! Cela est possible. Les criminels ne sont pas en général des hypnotiseurs et tous les hypnotiseurs ne sont pas des criminels. D'ailleurs, si un homme versé dans la question de l'hypnotisme avait abusé de sa science pour suggérer un crime, il ne le dirait pas, et le suggestionné ne le saurait pas. —

IV

Du viol commis par suggestion.

—————

Mais un mot d'abord sur les attentats commis sur des somnambules. Une question que la justice a eu quelquefois l'occasion de poser à la médecine légale est celle-ci : si une jeune fille ou une femme peut, par l'effet de l'hypnotisme, être mise dans l'impossibilité de résister à un viol.

Déjà en 1853 une jeune fille de Marseille étant devenue enceinte à son insu à la suite de pratiques faites par un guérisseur magnétiseur, les médecins experts conclurent qu'une jeune fille peut être déflorée et rendue mère contrairement à sa volonté, celle-ci pouvant être annihilée par l'effet magnétique. Devergie et Tardieu adhérèrent à cette conclusion (1).

Le fait est généralement admis ; la plupart des médecins jugent avec M. Gilles de la Tourette que

—————

(1) Tardieu, *Étude médico-légale sur les attentats aux mœurs*, 7ᵉ édition, 1878, p. 92.

cet attentat est surtout ou seulement possible si le sujet hypnotisé est tombé en léthargie, c'est-à-dire inerte, insensible, sans conscience : alors l'attentat peut être consommé comme dans le sommeil chloroformique.

Tel serait par exemple le cas de cette jeune fille de Rouen, violée à son insu et devenue enceinte des œuvres d'un dentiste qui la traitait : le rapport a été fait sur ce cas par le Dr Brouardel et publié dans les *Annales d'hygiène et de médecine légale* (1879). La jeune fille ayant sur les indications du dentiste relevé et maintenu ses lèvres sur ses narines, sentit au bout de quelques minutes qu'elle perdait connaissance ; elle dit être demeurée inconsciente le temps que durèrent les opérations. Les jours suivants même assoupissement et même insensibilité, et c'est dans cet état d'inconscience que le viol fut commis et répété.

Brouardel admet que cette jeune fille nerveuse, impressionnée, placée par le dentiste dans une position telle que couchée, les mains relevant la lèvre supérieure et bouchant en même temps les narines empêchaient la vue de se diriger vers les parties inférieures et obligeaient les globes oculaires à se porter en haut, est tombée dans le sommeil hypnotique.

Ce serait la léthargie hypnotique. Je ne pense pas que ce sommeil nerveux avec inconscience soit de l'hypnose. Je n'ai jamais vu la suggestion produire une léthargie, c'est-à-dire un sommeil complet avec inconscience absolue. A tous les degrés du sommeil provoqué, le sujet conserve sa conscience. Il est des hystériques qui ont spontanément ou à la suite d'un choc émotif une crise de sommeil hystérique qui présente ce caractère d'insensibilité et d'inconscience ; le sujet peut rester étranger à tout ce qui se passe autour de lui. Or, il arrive que si on cherche à suggestionner une hystérique, celle-ci a, soit une crise convulsive, soit une crise de sommeil hystérique, d'origine émotive, qu'il ne faut pas confondre avec le sommeil suggestif. Si on continue les jours suivants à suggestionner le sujet, en éloignant de lui toute impression nerveuse, on arrivera à produire le sommeil et d'autres phénomènes suggestifs, sans léthargie ni crise convulsive. Je pense donc que *la léthargie n'est pas due à l'hypnose, mais qu'il s'agit d'un phénomène nerveux surajouté dû à l'émotion.*

Cette jeune fille était d'ailleurs une hystérique non convulsive. Depuis ses séances, la mère déclare qu'elle s'endort à tout moment ; elle accusait des étouffements, des cauchemars, des spasmes, etc. La secousse morale produite par les manœuvres du dentiste déterminait chez elle une crise de sommeil hystérique.

D'autres fois, le sujet à la suite de manœuvres hypnotiques ne tombe pas dans une léthargie complète, il conserve sa conscience, mais reste inerte et ne peut réagir. Tel est le cas de cette jeune fille violée par un vagabond guérisseur, magnétiseur, sorcier, nommé Castellan, condamné en 1865 par la Cour d'assises du Var (1).

En lisant cette observation on voit que cet homme agissait par suggestion sur un esprit timoré et suggestible, mais que sur cet état suggestif se greffaient parfois des crises de sommeil nerveux pendant lesquelles le malfaiteur assouvissait sa passion.

Tout à coup, dit-elle, elle se sentit défaillir. A

(1) Tardieu, *loco citato,* p. 92.

partir de ce moment, ses souvenirs devenaient plus
confus. Revenue à elle sous l'influence de quelques
aspersions d'eau froide que lui aurait faites Castellan,
elle se serait dirigée vers la porte et se serait éva-
nouie de nouveau avant d'y arriver. Alors il l'aurait
prise dans ses bras, l'aurait emportée dans sa chambre, couchée sur le lit et violée. Elle prétend qu'elle a
eu conscience de ce qui se passait, mais sans pouvoir
s'y opposer en aucune manière. Elle n'a pas eu la
force seulement de frapper contre le mur, ce qui aurait suffi pour attirer les voisins. Une de ses parentes
vient heurter la porte de sa chambre, elle reconnait
sa voix et ne peut lui répondre.

Un état analogue aurait existé chez une jeune fille
suisse sur laquelle le docteur Ladame de Genève a fait
un rapport médico-légal (1) : elle aurait été violée par
un jeune homme qui avait l'habitude de la magnétiser.
« Il m'a magnétisée à la cuisine sans m'en demander
la permission ; puis à un certain moment, je me suis
à demi réveillée, j'ai vu confusément que j'étais sur
son lit, et j'ai senti qu'il était sur moi ; j'ai voulu le
repousser, mais je n'avais aucune force, et lorsqu'il a
vu cela, il m'a endormie encore plus profondément
que la première fois ; j'ai aussi voulu crier, mais je
ne l'ai pu, etc. »

Dans ces deux cas il s'agit d'un état d'inertie physique et morale, la conscience étant conservée ; c'est
ce que Gilles de la Tourette appelle léthargie lucide.
Les hystériques peuvent avoir spontanément ou par
choc émotif des crises de cette nature ; entendant tout,
se rendant compte de tout, mais immobiles, inca-

------

(1) *Annales d'hygiène publique et de médecine légale*, 1882, p. 519.

pables de parler, de réagir. Cet état peut-il aussi être considéré comme une variété de l'hypnose ? Je ne le pense pas. Presque tous les hypnotisés peuvent parler, répondre, manifester ; ceux qui tombent dans cet état de « léthargie lucide » sont précisément des nerveux ou hystériques chez lesquels l'émotivité entre en jeu ; et ceux-là aussi, comme les précédents, on arrive toujours, par une culture intelligente en réprimant leur impressionnabilité morale, à les suggestionner sans provoquer cette sorte de crise.

Dans ces deux cas, la suggestion s'était associée à des crises nerveuses émotives caractérisées par la léthargie lucide.

Nous ne sommes pas ici en face d'un viol commis *par suggestion,* mais en face d'un *attentat perpétré à la faveur d'un état d'inertie nerveuse* (accès de sommeil nerveux ou hystérique) produit par des manœuvres impressionnant le sujet.

La suggestion peut-elle modifier les instincts de la femme de façon à affaiblir sa résistance morale, à produire chez elle un état de conscience nouveau dans lequel elle perd la notion du devoir ? Cela n'est pas contestable. La séduction d'une honnête femme n'est au fond que de la suggestion.

Voici un cas rapporté par le docteur Bellanger (1). Une jeune femme de bonne famille, fort intelligente, d'un caractère doux et affectueux, fut hypnotisée par un jeune médecin pour des crises d'hystérie. Chaque crise

____

(1) Bellanger. *Le magnétisme, vérités et chimères de cette science occulte,* par le docteur Bellanger, Paris 1854.

était ainsi transformée en accès de somnambulisme. Pendant un de ces accès, elle fit à son médecin l'aveu de l'amour qu'elle ressentait pour lui ; elle s'était mariée contre son gré. Le docteur X... devint l'amant de Madame de B... pendant, bien entendu, l'état somnambulique.

Dans son état normal, elle n'avait souvenir de rien. Devenue enceinte, elle n'eut aucun soupçon de sa grossesse, n'ayant plus eu de rapport avec son mari depuis un an, et sûre de n'avoir pas manqué à ses devoirs. On attribuait ses malaises à une maladie insolite. Dans le somnambulisme seul, elle savait ce qui en était, et ne s'inquiétait pas trop de la situation. Quand finalement la malheureuse femme découvrit la nature de son mal, l'anxiété fut extrême ; sa tête s'égara ; elle crut aux esprits, aux maléfices. Au terme de sa grossesse, l'aliénation fut complète et nécessita son transfert dans une maison de santé.

Madame de B..., dit le docteur Bellanger, fut toujours innocente ; la somnambule seule en elle fut coupable. Elle guérit toutefois ; ses attaques disparurent. Elle ne revit que quelques années plus tard le docteur X... et ne soupçonna jamais qu'il avait été le héros d'une aventure dont elle avait été la victime.

Il s'agit bien ici d'une *folie amoureuse suggérée* qui rendit la femme coupable. Je relaterai plus tard un autre cas, plus dramatique encore, et dont l'interprétation sera plus facile, je pense, après quelques considérations.

L'attentat sur une femme suggestionnée ne peut-il avoir lieu qu'à la faveur d'une crise de léthargie complète ou incomplète, ou à la faveur d'une suggestion amoureuse ? La suggestion ne peut-elle directement, sans crise nerveuse, annihiler la résistance d'une femme? Je le crois, bien que je n'aie pas d'exemple certain à l'appui. Mais voici ce que j'ai constaté expérimentalement. Chez certains sujets on peut produire des hallucinations négatives, c'est-à-dire je puis leur suggérer qu'ils ne me voient plus, ne m'entendent plus, ne sentent plus. Je suis parti, je n'existe plus pour eux. Ils manifestent alors une anesthésie sensitivo-sensorielle qui peut chez certains être parfaite en ce qui concerne toutes les impressions venant de moi; anesthésie purement psychique : l'esprit actionné par la suggestion neutralise toutes les perceptions émanant de moi que les sens lui apportent. Et cependant la perception existe, elle a même été consciente, puisque je puis plus tard, par affirmation, réveiller le souvenir de tout ce que le sujet a vu, entendu, senti, alors qu'il affirmait ne pas voir, ne pas entendre, ne pas sentir. Chez certaines personnes très suggestibles, pas chez toutes, l'illusion négative est parfaite. A une jeune femme honnête, je dis les plus grandes infamies, sans qu'elle rougisse ; les plus grosses plaisanteries, sans qu'elle ébauche le moindre sourire. Elle n'a pas entendu. J'ai vu des dames très austères, très pudibondes, auxquelles on peut dans cet état relever la robe et la chemise, pincer la jambe et la cuisse, sans qu'elles témoignent la moindre résistance, ni la moindre émotion. Mono-idéisées par la suggestion, elles étaient convaincues que rien ne se passait; l'imagination effaçait la réalité. Et quand, l'expérience terminée, je dis à l'une d'elles: « Vous allez vous rappeler tout ce que je vous ai fait pendant que je n'y étais pas, » elle se concentre, puis fort étonnée, répète tout ce que j'ai dit et fait ; puis se rappelant que je l'ai découverte, rougit et dit : « Non, ce n'est pas possible. C'est un rêve. Je ne me serais pas laissé faire. » Je n'ai jamais vu d'expérience plus impressionnante. Elle m'a laissé la conviction absolue que cette personne n'aurait opposé aucune résistance à une tentative de viol. Si forte est chez quelques-uns la puissance de l'imagination suggestionnée qu'elle arrive à neutraliser et à soustraire à la conscience toutes les perceptions sensitives et sensorielles!

V

**De la suggestion dans les crimes. Exemples
de procès célèbres.**

Après ces quelques mots sur les attentats commis
sur les hypnotisés, revenons à ceux commis par leur
intermédiaire. On nous dit : cela est possible, mais
c'est quantité négligeable. Les faits sont excessivement
rares. Cette objection résulte d'une fausse conception
de l'hypnotisme et de la suggestion ; et c'est pour y
répondre que j'ai commencé ce travail par définir ces
termes. On se figure toujours que la suggestion
nécessite une opération spéciale qu'on appelle hypnotisme, que cette opération met le sujet dans un état
spécial, hypnotique ou magnétique, dans lequel il est
suggestible et hallucinable. Or, je le répète, il n'y a pas
d'état spécial portant le nom d'hypnotisme, il n'y a
que des sujets suggestibles, plus ou moins, auxquels
peuvent être suggérés des idées, des actes, des hallucinations. Ce point doctrinal domine toute la question.
On me comprendra maintenant si je dis que la
suggestion joue un rôle dans presque tous les crimes ;

la suggestion, c'est-à-dire l'idée, quelle que soit son origine, s'imposant à certains cerveaux avec une force irrésistible.

Je prends comme exemples quelques causes célèbres présentes à toutes les mémoires, qui ont passionné, dans notre pays, l'opinion publique. Les idées que je viens d'exposer y trouveront leur application.

La suggestion trouve un terrain plus facile chez les sujets déshérités du sens moral. Tels sont les cas suivants : tout le monde se rappelle les deux Gabrielle.

Gabrielle Fenayrou avait été élevée dans de bons principes ; tous s'accordaient à la considérer comme douce et honnête. Elle se marie : les premières années sont heureuses ; elle paraît épouse dévouée et bonne mère. Un jeune homme s'empare de son imagination ; son mari aux prises avec les difficultés de l'existence la néglige ; elle se donne à ce jeune homme. Plus tard le mari rumine des idées de vengeance contre ce jeune homme qui, après avoir séduit sa femme, a fondé une pharmacie rivale qui prospère, tandis que la sienne périclite. Pour assouvir sa vengeance, il captive de nouveau l'esprit de sa femme, lui persuade que son rival est cause de leur malheur, lui insinue qu'il faut le tuer, que sa réhabilitation morale est au prix de ce meurtre. Elle se laisse aller à cette suggestion. Docile, cédant aux menaces, elle donne rendez-vous à son ancien amant, sous prétexte de renouer des relations interrompues ; elle y va ; chemin faisant, elle entre prier à la Madeleine ; puis froidement, sans émotion, elle le conduit à son mari qui l'assassine devant elle. Aucun remords, aucun regret n'agite sa conscience ; elle ne paraît pas se douter de l'énormité de son crime.

Rien dans ses antécédents ne faisait prévoir cette perversité monstrueuse du sens moral. Devant le jury, sa maitresse de pension dit que c'était l'élève la plus docile, la mieux disciplinée. Un témoin a dit d'elle : « C'était une pâte molle ; elle allait au vice aussi bien qu'à la vertu. » Traduit en langage psychologique: C'était un cerveau suggestible ; elle était docile à toutes les suggestions. J'ajoute que le sens m `al ne faisait pas contrepoids à sa suggestibilité exce sive. Avec une bonne direction, cet être né avec une absence complète de sensibilité morale, guidé par ses instincts et les suggestions d'autrui, aurait accompli peut-être une carrière heureuse, fécondée par d'honnêtes inspirations. Mal conduite, elle est allée au déshonneur et au crime.

Analogue est le cas de Gabrielle Bompard. On se rappelle le fait. Elle s'est donnée corps et âme à Eyraud, homme d'affaires vermoulu, beaucoup plus âgé, vivant d'expédients. A bout de ressources, l'idée d'un assassinat lucratif lui vient ; Gouffé, huissier, est choisi. Elle le captive, le lui amène ; tout est préparé d'avance ; une cordelière pour lui passer autour du cou, une corde avec porte-mousqueton, moufle et poulie fixées et agencées, une corde pour ficeler le cadavre, un sac pour l'enfermer et une malle pour l'emporter. Elle lui passe la cordelière autour du cou, l'ajuste au porte-mousqueton ; Eyraud tire la corde et la pendaison est opérée. Elle passe la nuit à côté du cadavre tandis qu'Eyraud va à l'étude de l'huissier le dévaliser. On connaît la suite ; le transport de la malle avec le cadavre dans un fossé couvert de broussailles près de Lyon ; la découverte de la malle ; la fuite des assassins dans le nouveau monde ; là, Gabrielle

Bompard est captivée par M. Garanger qui s'intéresse à elle, obtient d'elle dans le sommeil provoqué l'aveu de son crime, la décide à abandonner Eyraud, à le suivre à Paris et à se livrer à la préfecture de police. Plus tard Eyraud est reconnu et arrêté à la Havane.

Qu'est-ce que Gabrielle Bompard ? Un être nativement dépourvu de sensibilité morale, n'ayant eu d'ailleurs que de mauvais exemples dans la maison paternelle. Encore enfant, elle attire des jeunes gens chez elle. Le crime commis, elle couche à côté du cadavre ; arrêtée après s'être livrée, elle le raconte simplement, revoit sans émotion le théâtre où il s'est accompli, s'amuse de l'attention dont elle est l'objet, mange de bon cœur. Sa conscience morale absente ne lui reproche rien. Le rapport des médecins experts constate chez elle « une cécité morale, un arrêt du sens moral, une lacune ».

En second lieu, elle est très suggestible, c'est-à-dire peut être influencée par quiconque sait prendre de l'ascendant sur elle, acceptant les idées suggérées et entrainée par sa nature à les réaliser. Elle était hypnotisable et hystérique ; elle servit à des expériences dans une maison de mauvais aloi où son amant la conduisait. Elle lui reste soumise bien qu'il la maltraite : elle qui est jeune, agréable, ayant une certaine intelligence, du piquant, faite pour réussir dans le demi-monde, elle reste sous la domination d'un être qui n'a que des dettes, qui l'exploite et la bat. Le crime commis, elle suit son amant à travers les deux mondes, se laisse jeter par lui dans les bras de plusieurs personnes de rencontre, docile aux suggestions d'Eyraud, jusqu'à ce que M. Garanger l'en dégage et la rende docile aux siennes.

Malgré ces deux dominantes psychologiques,

absence native du sens moral et suggestibilité extrême, les médecins experts ont conclu à la responsabilité morale. Parce que, disent-ils, elle est extrême-
ment intelligente, elle agit en connaissance de cause,
elle juge la portée de ses actes, elle a la notion du
bien et du mal, elle distingue par l'esprit, sinon par
le sentiment, le fas du nefas. Elle est donc responsable.

Mais son intelligence est-elle suffisante pour lui
permettre de réagir contre les mauvais instincts et
les mauvaises suggestions ? Suffit-elle à faire contrepoids à ces deux infirmités : absence de sens moral et
suggestibilité excessive ?

Sans doute, elle est intelligente. Mais qu'est-ce que
cette intelligence spéciale, « plus superficielle que profonde », dit le rapport. Elle a facilement accepté l'idée
de se livrer à la préfecture de police, elle a avoué, au
moins en partie, sa culpabilité, avant l'arrestation
d'Eyraud, alors que rien ne l'obligeait à le faire, alors
que son intelligence et son intérêt lui conseillaient de
ne pas le faire. Sans doute, en présence du magis-
trat, elle commence par effacer son rôle, elle ne se
charge pas d'abord, elle travestit habilement la vérité.
Mais bientôt, à mesure que l'interrogatoire continue,
elle s'oublie, docile aux suggestions d'un interrogatoire habile, elle se laisse aller à avouer son rôle.
« Elle a cousu le sac, elle a aidé à ficeler le cadavre
comme un poulet. » Elle ne cherche plus à atténuer
sa collaboration. Elle subit l'impression du moment.
C'est une intelligence vive, mais toute d'instincts,
d'impressions, mobile, qui peut s'oublier et se ressai-
sir, qui n'a pas de suite, qui n'est pas maîtresse
d'elle-même.

Un aveugle moral est-il responsable, parcequ'il est intelligent ?

Ecoutez les psychologues : « Sans doute les aveugles moraux reconnaissent encore la distinction du bien et du mal. Ils savent fort bien qu'il faut faire telle chose et qu'il faut s'abstenir de telle autre. Ils le *savent,* mais ils ne le *sentent* pas ; et dès lors *il est presque inévitable qu'ils agissent comme s'ils ne le savaient pas,* car la connaissance pure ne détermine pas l'action. C'est une loi que la psychologie contemporaine, surtout la psychologie anglaise, a mise hors de conteste. Jamais nous ne sommes entraînés à agir par une idée pure, par la conclusion logique d'un raisonnement, etc. Ce qui nous met en branle, c'est l'attrait exercé par une idée et une personne, les désirs ou les répulsions qu'elles font naître en nous. (Leog-Brühl, *La Responsabilité des criminels, Revue politique et littéraire* 1890.)

Ces considérations trouvent d'ailleurs leur application dans bien des affaires criminelles.

Rappelons celle qui s'est dénouée en 1891 devant la cour d'assises d'Oran avec un grand retentissement.

Jane Weiss, née Daniloff, était née d'une mère nihiliste russe exilée qui faisait sa médecine à Paris et de son amant, homme marié, occupant une assez haute position mondaine. Sa mère mourut ; elle fut élevée par sa grand'mère, femme excentrique, joueuse à Monte-Carlo, vivant dans les milieux les plus divers : lettrés, officiers étrangers, femmes galantes. A onze ans déjà, dit-elle, elle devint amoureuse d'un Français d'une trentaine d'années. A dix-sept ans, à Paris, elle fit la connaissance d'un autre dont elle devint la maîtresse ; « elle ne l'aimait pas, dit-elle, mais son cœur avait besoin de tendresse ». M. Weiss, lieutenant d'artillerie, conçut pour elle une passion violente, et finit par l'épouser, après avoir, pour cela, donné sa démission; il devint administrateur civil à Aïn-Fezza. Le mariage fut très heureux pendant cinq années. Deux enfants étaient nés, quand vint un jeune ingénieur, Rocques, qui en devint follement amoureux. Elle résista d'abord, puis partagea cet amour et fut sa maîtresse. A partir de ce moment, elle ne s'appartient plus. Tout ce qu'il veut, dit M. Tarde, il faut qu'elle le fasse, si insensé que ce soit. Il se glisse la nuit dans la chambre conjugale, près du lit où dorment les deux époux, réveille Jeanne et lui dit : « Viens ! » et elle le suit dans la pièce voisine. « Il m'était, dit-elle, impossible de lui résister. » Elle a fait tous ses efforts comme le lui a dit le président, pour briser ses relations avec lui. Elle n'a pu. Elle a appelé son mari lui-même à son secours. Tentative désespérée ! L'amour a vaincu (1). Bientôt l'idée fatale du poison, suggérée, dit-elle, par son amant jaloux s'implanta, après une certaine lutte, dans son cerveau. Sa résolution est prise ; elle lui verse dans ses aliments, par petites doses, la liqueur arsenicale de Fowler que Rocques lui envoie ; elle continue sans pitié auprès du lit de son mari malade à verser les gouttes de poison, au milieu des caresses. Elle écrit à son amant : « Je n'ai plus de poison. Envoie-m'en une provision dans les babouches des enfants. » Cette lettre interceptée fit découvrir le crime; Rocques, arrêté en Espagne, se suicida.

Archives de l'anthropologie criminelle, T. VI, 1891. p. 458.

Dans toutes ses dépositions, l'accusée affirme avoir agi à l'instigation de son amant. Dans une lettre au crayon adressée au juge d'instruction, elle écrit :

« — Certainement, sans les ordres formels, réitérés, impératifs, qu'il m'a donnés, je n'aurais pas eu la force d'agir. » — « On dirait que tu as peur d'agir, m'écrivait-il. Eh bien ! oui, c'est moi, moi qui le veux, moi qui l'ordonne. Sois la main et la main seulement, je serai la tête, la force et la volonté. » Je jure sur la tête de mes enfants que pas un mot de ceci n'est douteux, c'est la vérité purement et simplement. » — « Jane Daniloff. »

« C'est lui, dit-elle à l'audience, qui exigeait la disparition de mon mari. Il voulut même tout d'abord me forcer à me servir de cyanure de potassium. Je n'ai point agi de mon libre arbitre ; j'ai obéi aux ordres que me donnait l'homme que j'ai aimé ; ces ordres impératifs sont encore réitérés dans ses dernières lettres arrivées depuis mon arrestation. Pendant une année entière, j'ai lutté contre la force qui me maîtrisait. N'avais-je pas sous la main ce terrible cyanure ? Et qui saura le nombre de fois où, après avoir juré d'en finir, je reposai ce flacon, saisi d'une main décidée à obéir ? J'avais beau me débattre, je ne m'appartenais plus. M. R... avait fait naître en moi une femme que j'ignorais, une femme violemment passionnée, passivement soumise ! Non seulement il a bouleversé mon existence, mais il a bouleversé mon être intime tout entier. »

Le docteur Lacronique, médecin-expert, dit d'elle : « Femme bien au-dessus de la moyenne et d'un esprit cultivé, elle sait s'assimiler rapidement toutes les idées qu'on lui suggère, mais elle n'en mesure pas toute la portée et surtout n'en prévoit pas toutes les conséquences. Son système nerveux est très irritable. C'est une névrosée et une déséquilibrée. »

Voici un fait rapporté par l'expert, qui montre l'excessive impressionnabilité de l'accusée et son hallucinabilité :

Le 2 décembre, Mme Weiss était entrée à l'hôpital, portant sa petite fille Berthe dans ses bras ; l'enfant meurt deux jours après, et l'expert a pu constater l'impression profonde que cette perte produit sur l'état mental de la mère. Il l'a surprise, une fois, à l'improviste, à moitié couchée sur un lit, tenant serrés dans ses bras les vêtements de son enfant et versant silencieusement des larmes abondantes. Au réveil, elle avait perdu la notion exacte des choses ; elle se figurait que sa petite fille était encore vivante et qu'on la lui avait rendue guérie : « J'ai retrouvé ma mignonne, ma chérie, s'écriait-elle avec joie ; enfin on me l'a rendue, non plus froide comme elle était, mais rose et gazouillante. »

Le même jour, elle écrit à sa grand'mère : « J'ai été souffrante ces jours-ci, j'avais une hallucination atroce ; ma mignonne ayant très froid, je me figurais qu'elle était morte, etc. Hier samedi, j'ai obtenu qu'on me fasse revenir à la prison et j'ai retrouvé ma petite. » Le juge d'instruction constata lui-même à la prison cette illusion dans laquelle vivait l'accusée. Le lendemain, le procureur et le juge se rendirent ensemble à la prison et constatèrent la persistance du même phénomène. Les vêtements de la petite Berthe étaient étalés sur un lit et c'est là que la mère voyait son enfant endormi.

On sait que Mme Weiss fut condamnée à vingt ans de travaux forcés. Elle implora le pardon de son

mari, qui le refusa. Rentrée dans sa prison, elle se
suicida en absorbant de la strychnine.

« Malgré tout, dit M. Tardes, il est impossible de ne
pas voir dans ce suicide l'explication de son âme, la
révélation de son énergie, de sa sincérité, de ses souffrances, et la fatalité des sentiments tout puissants
qui l'ont poussée au crime. »

Impulsivité extrême, sensibilité nerveuse excessive,
sens moral faible, telle était cette malheureuse femme.
Elle se donne à dix-sept ans, sans aimer, parce
qu'elle a besoin de tendresse ; elle adore son enfant
et son cerveau s'égare quand elle l'a perdu. Mais cette
exaltation de sensibilité affectueuse, de passion folle
et amoureuse, ces élans irrésistiblement impétueux
d'une âme à l'excès impressionnable, s'alliaient, chez
cette femme déséquilibrée, à une grande faiblesse de
sens moral. L'idée criminelle ne trouva pas un frein
suffisant.

La suggestion n'implique pas toujours un suggestionneur.

Le mécanisme psychologique du crime est le
même, si l'idée vient du sujet lui-même, d'origine
inconnue ou apportée par les événements du monde
extérieur, suggérée par les accidents de la vie, s'il y a
auto-suggestion. D'où que vienne l'idée, certains cerveaux ne peuvent résister à son empire.

L'observation suivante présente un grand intérêt ;
le défenseur, M. de Nicéville, qui a plaidé pour l'accusé, avec beaucoup de talent et de conviction, a bien
voulu rédiger pour moi les détails de cette affaire:

Meunier avait perdu sa mère dès son jeune âge ; il
avait été élevé par son père, un très brave homme,

qui avait donné à son enfant les plus sages conseils et les meilleurs exemples.

De 15 à 25 ans, Meunier fut employé comme ouvrier aux forges de Gorcy. Durant ces dix années, il se fit remarquer par la régularité de sa conduite, ses goûts simples, honnêtes, ne fréquentant pas les cabarets et recherchant la compagnie des jeunes gens de bonnes mœurs.

En 1880, il entre dans l'administration des douanes. Il se marie en 1881. De ce mariage sont nés deux enfants. Il était en 1890 préposé des douanes à Landres (Meurthe-et-Moselle).

Dans le pays, on citait Meunier comme le modèle des pères de famille. Dès que son service était terminé, il rentrait chez lui, donnait tous ses soins à sa femme atteinte d'une maladie à laquelle elle devait bientôt succomber et n'avait d'autres joies que de jouer avec ses enfants ou de les emmener promener avec lui. Dans son service, il était parfaitement noté ; les renseignements fournis par ses chefs sur son compte sont parfaits.

Quelques jours avant sa mort, sa femme sentant sa fin prochaine dit aux personnes qui l'entouraient : « Oh ! il a été bien bon pour moi, sans lui je serais morte depuis longtemps ! » et puis elle recommanda à son mari les petits enfants qui, le lendemain, n'avaient plus de mère !

A qui les confier ? Son service l'obligeait à être jour et nuit hors de chez lui ; et cependant il ne pouvait abandonner ses enfants tout seuls à la maison ; ses frères et sœurs étaient pauvres ; ils ne pouvaient les prendre avec eux et augmenter leurs charges de famille. Il fallait absolument qu'il se remariât. On lui parle d'une fille du pays, Mlle J..., qui appartenait à

une honorable famille, qui avait un peu de bien,
entr'autres une maison à Amermont, laquelle avait
été restaurée il y avait peu de temps. Mlle J... avait
un frère dans l'armée, capitaine d'infanterie de marine, décoré, officier de grand avenir. Epouser Mlle
J... c'était assurer à ses enfants une jeunesse proté-
gée par les soins d'une seconde mère, et pour lui,
c'était peut-être, grâce à la protection du capitaine,
tout un avenir qui s'ouvrait dans la carrière de l'administration des douanes.

Seul, dans ses longues veillées, pendant ses embus-
cades, il pensait à tout cela ; et cette pensée devint
pour lui une véritable obsession. Il *décida* qu'il *épou-
serait Mlle J...* Il connaissait cette personne depuis
longtemps : il avait eu l'occasion de se trouver avec elle
dans différentes réunions ; mais *jamais*, même alors
qu'il était encore célibataire, celle-ci n'avait éveillé en
Meunier la moindre passion. D'ailleurs, Mlle J... était
très laide, rousse, petite, mal faite ; lui, au contraire,
très beau garçon, grand, mince, physionomie avenante.
Et voilà que, subitement, Meunier se déclare à lui-
même qu'elle sera *sa femme! Il la lui faut, pour ses
enfants et pour lui.* Il écrit à Mlle J... et lui demande
la permission d'aller la voir.

Il se rend à Amermont. Il reçoit bon accueil, et il
revient chez lui heureux du succès de ses premières
démarches. Mais on lui écrit qu'il ne faut pas qu'il
renouvelle sa demande ; Mlle J... lui fait remarquer
qu'il n'est pas assez *riche* pour elle ; qu'elle ne veut
pas épouser un veuf avec *deux* enfants, et qu'elle ne
veut pas quitter le pays, puisqu'elle y a une *maison.*

Meunier, cependant, tâche par ses prières, ses supplications, ses serments d'amour, de vaincre la résistance de Mlle J... Rien ne fait. Mais son idée fixe le

poursuit, il ne peut plus la discuter, elle le tient tout entier : « Si vous me repoussez, dit-il, je viendrai me brûler la cervelle à vos pieds. »

Ici, commence la série des crimes épouvantables commis par Meunier.

Il n'est pas *assez riche* pour être agréé par Mlle J... Il le sera. Comment ? En s'introduisant chez un vieux prêtre, curé de Xivry-Circourt, commune voisine, en assassinant lui et sa servante, en volant tout l'argent qu'il trouverait au presbytère et en incendiant ensuite cette maison pour faire disparaître les traces du crime. Les cadavres carbonisés de M. l'abbé Lalance et de sa domestique furent retrouvés dans les décombres.

Quelque temps après, Meunier se présentait chez Mlle J... avec un sac rempli d'or. « Je suis riche maintenant, Maria, s'écrie-t-il, je viens de faire un héritage, vous ne me repousserez plus. » Et cependant il fut encore évincé : « Non, répondit la jeune fille, comme douanier vous devez un jour quitter le pays, et moi je veux toujours demeurer dans notre maison. »

Quoi ! c'est maintenant la maison d'Amermont qui est un obstacle au mariage ? Meunier la fera disparaitre. Quelques jours après, le feu s'y déclarait et la consumait.

Meunier écrit à Mlle J... pour lui dire combien il est attristé pour elle et sa famille de l'accident dont ils viennent d'être victimes, mais maintenant elle pourra le suivre, puisque rien ne la retient plus au pays. Mlle J... remercie Meunier des témoignages de sympathie qu'il lui donne. Elle lui écrit une lettre dans laquelle elle l'assure de toute l'estime qu'elle a pour lui, mais dans laquelle elle lui dit aussi que jamais sa mère ne donnera son consentement à un mariage avec un veuf, *père de deux enfants...*

Meunier se dit alors qu'il en supprimera un !!...

Le 7 octobre, il annonce, en termes émus, à Mlle J... que son petit garçon Julien est mort. « Le malheur m'a frappé, moi aussi. Mon cher petit vient de succomber, d'un mal qui l'a foudroyé. Soyez à moi !!... »

Que s'était-il passé ? Un soir, le petit, après avoir passé quelques jours chez des parents, était ramené à son père. Celui-ci était allé au-devant de lui, l'avait couvert de ses caresses et de ses embrassements ; le soir le père avait passé les heures, après souper, avec eux. Le lendemain matin, il était monté dans la chambre où Julien reposait ; il avait soulevé l'enfant pendant son sommeil sur sa couchette, lui avait placé la tête sur le bord du lit en fer, avait fait pression et brisé la colonne vertébrale. Meunier plaça ensuite le petit dans une position qui put faire croire qu'il était mort étouffé ! Les obsèques de l'enfant eurent lieu sans qu'un doute pût s'élever sur les causes d'une mort aussi étrange !...

Et cependant, Mlle J... signifia à Meunier de n'avoir plus à s'adresser à elle ! Cette fois, tous ses crimes commis, il ne devait plus avoir d'espoir de devenir un jour le mari de Maria J..., ni le beau-frère d'un capitaine d'infanterie de marine, décoré à trente ans. C'est alors qu'il se rend compte de l'immensité de ses forfaits. L'amour inconscient qu'il avait éprouvé se transforme en haine implacable. Il lui faut du sang encore pour essuyer celui qu'il a versé. Il tuera Mlle J..., et se tuera ensuite. « Je suis bien malheureux, avait-il dit, mon autre petit mourra comme celui-ci ! » et en tenant ces propos, il allumait sa pipe aux cierges qui éclairaient dans la nuit le

cadavre du petit que, quelques heures avant, il avait
tué !

A l'audience, au récit de ces lamentables scènes,
Meunier sanglote. « Ah ! je l'aimais bien, mon petit !
Que voulez-vous ? C'était par amour pour Mademoi-
selle ! (*sic*) »

Enfin, le 15 octobre 1890, pour se venger du refus
de Mlle J..., et se venger aussi de ses propres forfaits,
Meunier allait s'embusquer près de la maison J...
Dans la soirée, le capitaine J... sort. Il faisait nuit.
Meunier l'a-t-il reconnu ? On ne sait. Il l'a nié ;
il a prétendu qu'il voulait tirer sur Mlle J... : cependant le capitaine tombait, l'épaule fracassée par un
coup de feu !

La rumeur publique dénonça Meunier comme l'auteur de ce dernier attentat. Il fut arrêté et une per-
quisition faite chez lui eut pour résultat d'établir
qu'il était l'auteur de tous les drames qui, depuis trois
mois, avaient jeté la consternation et le deuil dans
tout le pays.

L'attitude de Meunier avant les débats, au cours de
ses interrogatoires, au moment de sa condamnation,
pendant les quarante-huit jours précédant son exécu-
tion, a été celle d'un homme qui a repris possession
de ses facultés de raison. Il a accepté, sans défaillance,
la sentence du jury ; il l'a reconnue méritée, et il a
attendu l'expiation avec une résignation qui démon-
trait chez cet homme une force de caractère excessive.
« J'ai tué mon sang, disait-il, je mérite la mort, je
saurai mourir. » Quand l'exécuteur faisait les lugubres
et derniers préparatifs, Meunier la tête haute se tourna
vers les personnes présentes dans la cellule : « Je ne
« suis pas un criminel, messieurs ; ah ! les femmes !
« Par amour d'une fille tuer son propre sang ! Un

« homme qui n'avait jamais rien eu avec personne et
« qui avait toujours eu une bonne conduite ! Quand
« vous voudrez, je suis prêt. Un bon Français n'a pas
« peur de la mort. Un bon soldat comme moi ne la
« craindra pas. »

Traversant la cour de la prison, il aperçoit son
défenseur. Il s'arrête, se retourne : « Donnez-moi une
« dernière fois la main, Mᵉ X..... Merci, vous avez été
« bon pour moi ! !... (1) »

Voilà donc un homme aux antécédents honnêtes
qui devient un monstre, voleur, incendiaire, assassin,
moins par passion amoureuse peut-être que par
l'idée arrêtée, implantée dans son cerveau, qu'il doit
épouser une certaine personne. Pour arriver à ses
fins, il supprime tous les obstacles, ne reculant pas
devant les plus épouvantables forfaits. Cependant
Meunier avait le sentiment du devoir : il était employé modèle et bon père de famille. Il avait la notion du juste : « J'ai tué mon sang, j'ai mérité la
mort ! » Il avait le sentiment patriotique : « Un bon
Français n'a pas peur de la mort. » La notion du devoir et du juste, *le chauvinisme national, peuvent
s'apprendre, sont suggérés par l'éducation.* Mais
Meunier n'avait aucune sensibilité morale : il fume la
pipe à côté du cadavre de son enfant ; il témoigne des
regrets plutôt que des remords et de la pitié. *La sensibilité morale est innée.* Quand elle fait défaut,
l'éducation ne la crée pas, comme elle crée le sens du
devoir, de la justice et de l'honneur. Meunier a pu,
dépourvu de sensibilité morale, rester honnête jusqu'au jour où une idée impérieuse, prenant posses-

----

(1) Note remise par M. de Nideville, défenseur de Meunier.

sion de son cerveau, l'a poussé au crime. L'auto-suggestion, en dépit de la notion du devoir, a pu triompher sur son terrain psychique, non protégé par la barrière contre-suggestive absente du sens moral.

Dans les observations qui précèdent, la suggestibilité s'allie à une grande faiblesse du sens moral. Mais tous les criminels ne sont pas des amoraux. Une passion vive, l'amour-propre, la folie amoureuse, la colère, le fanatisme religieux, politique, socialiste peuvent égarer la raison et pervertir le sens moral.

Voici un exemple :

Emile Henry, le jeune anarchiste qui lança une bombe à l'hôtel Terminus et finit sur l'échafaud, n'était pas un amoral. Elevé par un père honnête, il avait eu un passé irréprochable, avait fait de bonnes études, avait été admissible à l'Ecole polytechnique. Voici les renseignements qui furent donnés sur lui : Son professeur, à Fontenay-sous-Bois, a été frappé de la vivacité de son intelligence. Il était, à l'école J.-B. Say, très aimé de ses camarades : « C'était, dit l'un d'eux, un esprit très brillant et un excellent camarade. » Un professeur de cette école, M. Philippe, dit : « Je n'ai jamais vu d'élève plus accompli et je ne puis pas concevoir encore comment il a commis son crime. »

« C'était, dit son patron, sculpteur ornemaniste, un excellent employé, régulier, ardent au travail, d'une gaieté d'humeur accomplie. » Un de ses amis, ouvrier tôlier, dit : « C'est un homme d'une grande valeur morale. En 1891, il s'est fait volontairement vagabond pour donner, chez lui, refuge à une famille de malheureux. »

M. Ogier d'Ivry, chef d'escadron à Valence, dit :
« Emile Henry est mon cousin. Je l'ai vu une dou-
zaine de fois. C'était, dans sa jeunesse, un charmant
enfant, intelligent, un peu rêveur, mais à mon sens déjà
tout à fait déséquilibré. Il appartient, par ses origines, à
cette race de camisards, toujours portés aux résolu-
tions extrêmes dans le mal comme dans le bien. Chez
lui, c'est le mauvais génie qui l'a emporté. Je parle
de lui sans aucune sympathie. J'ai horreur de son
crime, mais, en toute justice, ce n'est pas un cerveau
bien fait. »

« Je ne me l'explique pas, dit sa mère, car il était
aristocrate dans l'âme. Il tenait de la famille de son
père. Il avait si peur de se salir les mains qu'il ne voulait même pas ramasser un ballon lorsqu'il jouait
avec son frère. Ah ! celui-là n'est pas comme Emile,
il aime la société des ouvriers. Emile, lui, il lui fallait
du luxe, et, à table, la qualité de la nourriture lui
était indifférente, pourvu qu'elle fût servie sur une
nappe bien blanche. » A l'issue du procès, la pauvre
femme eut une syncope. Revenue à elle, elle s'écria :
« Qui eût pu croire.qu'Emile en viendrait là ! De son
frère Fortuné, je me serais attendu à tout. Mais lui,
si doux, si aimant, ayant des goûts si artistiques ! »

Comment cette nature honnête et généreuse fut-elle
dévoyée ? Comment ce mouton si doux devint-il en-
ragé ? Ecoutez ce qu'il dit aux assises : « Je ne suis
anarchiste que depuis peu de temps. Ce n'est guère
que vers le milieu de 1891 que je me suis lancé dans
le mouvement révolutionnaire. Auparavant, j'avais
vécu dans des milieux entièrement imbus de la morale actuelle, j'avais été habitué à respecter et même
à aimer les principes de patrie, de famille, d'autorité
et de propriété. »

Mais les mensonges et les fourberies de l'état social dans lequel nous vivons le révoltèrent. Il avait
cru que le monde répondait à l'idéal que rêvait son
âme naïve, mais ardente et généreuse : il avait cru que
le bonheur et la fortune allaient au travail, que le
malheur et la misère étaient le châtiment de la pa-
resse et de l'inconduite. Quand l'âge de la maturité
arriva et que ses yeux s'ouvrirent à la vérité, une déception douloureuse envahit et bouleversa tout son
être moral. Il prit en dégoût et en haine l'organisation sociale qui commande ces injustices profondes
et ne songea plus qu'à lutter contre elle pour hâter sa
disparition. « J'ai apporté, dit-il, dans la lutte une
haine profonde chaque jour avivée par le spectacle
révoltant de cette société, où tout est bas, tout est
louche, tout est laid, où tout est une entrave à l'épanchement des passions humaines, aux tendances géné-
reuses du cœur, au libre essor de la pensée. » Telle
était sa disposition d'esprit, quand il fut mis en rela-
tion avec quelques compagnons anarchistes ; le terrain était préparé pour recevoir leurs doctrines et
leurs suggestions. Il subit la folie anarchiste. Lui si
doux, si aimant, devint fou furieux. Exterminer la
société, lancer la dynamite sur cette bourgeoisie
égoïste et pourrie, détruire tout, pour que, sur les
ruines de l'ordre social actuel, s'édifie un ordre nouveau, celui de la justice et de la vérité, telle est la
suggestion qui, longuement préparée, finit par l'obsé-
der, l'enflammer, le transformer en assassin forcené.
Pouvait-il lutter contre ce déterminisme psychique ?
Dans quelle mesure avait-il son libre arbitre ?
N'est-ce pas de la suggestion, l'idée devenue acte ?

VI

De l'amnésie. — Vie somnambulique ou état de conscience modifiée. — Actes commis dans cet état.

Pour concevoir certains méfaits ou certains agissements des criminels, il est nécessaire de se rappeler un fait d'observation et d'expérience. Certains sujets, après avoir été soumis à une suggestion très impressionnante, avec hallucinations, émotions et actes divers, lorsqu'ils sont de nouveau désuggestionnés, ne se souviennent plus de ce qui s'est passé. La vie vécue suggérée est comme lettre morte.

Voyez cette somnambule : elle va, vient, obéit aux ordres ; elle a même de la spontanéité ; elle converse, elle travaille, elle a toute sa conscience. Elle a d'ailleurs les yeux ouverts. On jurerait qu'elle est éveillée ; elle l'est en effet ; elle est seulement dans un autre état de conscience qu'à l'état normal. Après une heure de conversation active, je lui dis brusquement : « Réveillez-vous. » Son expression de physionomie se modifie. Elle ne se rappelle plus rien, absolument rien de tout ce qui s'est passé. Tout s'est évaporé. Chez quelques-unes même *l'amnésie s'étend à la période qui a précédé la suggestion ; elle est rétro-active.* Je suggère le sommeil à un malade de mon service ;

il dort ou croit dormir. Alors je lui parle, il me répond ; je puis l'halluciner, lui donner des impressions très diverses. Au réveil non seulement il ne se rappelle pas ce qu'il a fait pendant son sommeil, mais pas davantage ce qu'il a fait avant : « Il ne m'a pas vu dans la salle ; je ne lui ai pas encore parlé. C'est la première fois depuis hier qu'il me voit. ».

Cette amnésie d'ailleurs n'est pas complète chez tous les sujets. Quelques-uns ont entendu parler autour d'eux, mais ne savent plus ce qu'on a dit ; d'autres se rappellent certaines choses, par exemple avoir bu, mais pas le reste. Tel, ayant conservé un souvenir vague de la scène vécue dans cet état somnambulique, se figure ne pas en avoir été l'acteur, et travestissant les faits, l'attribue à une autre personne. Un sujet que j'ai fait voler se souvenait au réveil qu'un tel objet en effet avait été volé, mais affirmait que c'était son voisin, pas lui, qui avait commis le vol. Le changement de personnalité consciente lui donnait l'illusion d'un changement de personne.

Ce qui est provoqué expérimentalement se réalise spontanément ; car l'expérience ne crée rien de nouveau : elle démontre les phénomènes psychologiques tels qu'ils peuvent spontanément se produire. A la suite de violentes perturbations morales, le souvenir de la vie vécue dans cet état d'âme peut être effacé. Ainsi on voit des personnes qui à la suite d'une fièvre typhoïde ont oublié non seulement ce qui s'est passé pendant la période de stupeur ou de délire, mais encore qui s'est passé pendant les premiers jours de la maladie, alors que l'intelligence et la conscience étaient intactes. Ainsi on voit tel sujet qui à la suite d'une forte excitation alcoolique, alors qu'il a vociféré et tout brisé, a oublié ce qu'il a fait, et même les circonstances qui ont précédé son ivresse. Ainsi encore certains criminels impulsifs disent de bonne foi ne pas se souvenir d'avoir perpétré le crime ; ils ne savent rien et affirment avec sincérité que ce n'est pas eux. On montre à X... l'objet qu'il a volé et qu'il porte sur lui, il répond naïvement qu'on le lui a donné.

Le souvenir de ces expériences me revint à l'esprit quand j'ai lu les détails de l'affaire Pranzini. Voici un chevalier d'industrie, intelligent, roublard, qui après avoir roulé un peu partout une vie aventureuse, faite d'escroqueries et d'expédients, était à Paris sans ressources. L'idée germa dans son cerveau d'assassiner une femme galante qu'il fréquentait pour la voler. Il accomplit cette idée préméditée, la tua à coups de couteau, je crois, elle et son enfant. Que fit-il après le crime ? De bonne heure, vers 5 ou 6 heures du matin, il le raconta dans un café voisin. « Quel affreux crime vient d'être commis dans telle maison ! » Puis il alla chez sa maîtresse et lui dit qu'il venait d'assister à un crime épouvantable, le narrant dans tous ses détails. Lui-même, quand l'assassin est entré, s'était caché dans un placard et avait tout vu ! Pourvu qu'on ne le soupçonne pas. Il lui demanda de l'argent pour s'en aller. Puis il envoya les bijoux à sa propre adresse : M. Pranzini à Marseille, se dirigea sur cette ville, distribua les objets volés dans les maisons de tolérance et fit si bien qu'on l'arrêta. Il nia toujours avoir perpétré le crime : « Un autre l'avait fait ; il avait assisté dans sa cachette. » — « Et les bijoux ? » — « On devait les lui avoir donnés. » Il maintint cette version jusqu'au bout, naïvement, bêtement, sans chercher à préciser les détails, niant toujours avec fermeté qu'il fût l'auteur du crime.

Certainement Pranzini avait assassiné et volé avec préméditation ; mais il est possible, je ne dis pas que ce soit, qu'il ait affirmé de bonne foi que ce n'était pas lui. Ce n'est pas de sang-froid qu'un criminel pour la première fois poignarde deux personnes. Obsédé par l'idée du crime, décidé à l'accomplir, il était pendant qu'il frappait dans un état d'exaltation mentale, dans un état de conscience spéciale. Puis, l'acte commis, comme dégrisé, revenu à son état de conscience normal, il pouvait n'avoir qu'un souvenir vague de l'acte, il pouvait de bonne foi s'imaginer l'avoir vu commettre par un autre lui-même, par un autre que lui-même.

Les expériences sur des sujets mis en état de somnambulisme ou suggestion hallucinatoire rappellent souvent d'une façon saisissante cet agissement naïf de Pranzini, après le crime. Il ne se rendait probablement pas un compte exact de ce qui s'était passé, et devant le souvenir confus qui l'égarait, « Deus cæcat quos vult perdere », négligea les précautions élémentaires pour ne pas se trahir.

Ces modifications dans l'état de conscience produites par une forte excitation de l'âme, et laissant à leur suite de l'amnésie plus ou moins complète, peuvent se réaliser spontanément par une sorte d'auto-suggestion morbide, surtout chez les hystériques. Rappelons les observations de double conscience, d'alternations de personnalité, de condition seconde, dont la célèbre Félida étudiée par Azam est la plus connue. Dans son état normal elle est sérieuse, triste, indifférente pour tout ce qui n'est pas en rapport avec le mal dont elle souffre, les sentiments affectifs peu développés, la volonté très arrêtée, le travail très acharné. Dans le second état, le caractère est vif, gai, enjoué, la physionomie mobile et souriante, l'imagination et les sentiments affectifs sont surexcités, la volonté est moins arrêtée. Dans cet état, elle se laisse séduire, devient grosse, parle de sa situation sans inquiétude et sans tristesse ; tandis que, quelque temps après, se trouvant dans l'état de condition première, elle éprouve, quand on lui apprend sa grossesse qu'elle ignorait alors, une commotion nerveuse avec crises convulsives.

N'est-ce pas le même cas que celui de l'observation relatée par le docteur Bellanger ? chez celle-ci, la condition seconde était provoquée par la suggestion médicale ; chez Felida, elle l'était par auto-suggestion.

Cette condition seconde, véritable vie somnambulique, dans laquelle le sujet agit et vit, conduit par des instincts et des impressions auto-suggestives contre lesquelles sa raison ne peut lutter, peut donner lieu de la part du sujet à des actes délictueux ou criminels. Rappelons l'observation du docteur Garnier (1). Un jeune homme, en condition seconde ou vie somnambulique, déménage tranquillement une boutique de brocanteur et transporte successivement les objets mobiliers dans la cour de sa maison ; celle du docteur Motet (2), concernant un individu qui commit dans cet état un outrage public à la pudeur ; celle de M. Proust (3) : un jeune homme, sujet à des crises de vie somnambulique, fut condamné pour escroqueries faites dans cet état.

Voici un nouvel exemple d'automatisme somnam-

---

(1) Garnier. *Annales d'hygiène publique et de médecine légale*, 1887.
(2) Motet. *Ibidem*, 1881.
(3) Proust. Lecture faite à l'Académie des sciences morales et politiques, 1889.

bulique qui aurait aussi pu intéresser la médecine légale :

En décembre 1896, un monsieur de Besançon m'amena son fils, un petit jeune homme de 16 ans, dont il me raconta l'odyssée suivante : Garçon sérieux, instruit, de mœurs très régulières, n'ayant jamais donné le moindre mécontentement à sa famille, bachelier avec dispense, il avait eu dans le cours de janvier 1895, un soir, après avoir dîné, un malaise, puis était tombé dans un fauteuil, avec une crise de nerfs. Au bout de dix minutes, il était revenu à lui sans se souvenir de rien. Depuis, il avait repris son travail, employé dans l'industrie de son père, sans présenter aucun trouble. Le 14 novembre, à 10 h. 1/2, le père l'envoie avec un chèque au Crédit Lyonnais, chercher 1.200 francs pour la paye des ouvriers. Une de ses sœurs ayant une course à faire de ce côté l'accompagne jusqu'à la porte de la banque. Le jeune homme entre, va au guichet, demande les 1.200 francs, court à une station de voitures, se fait conduire à la gare. Là, il rencontre un ami de son père auquel il dit qu'il attend un oncle de Montbéliard, ce qui était faux. Il prend un billet de première classe pour Dijon ; de là, il envoie, timbrée de la gare de Dijon, une carte postale écrite au crayon, dans laquelle il dit « qu'à la sortie du Crédit Lyonnais deux bandits l'ont amené du côté de l'Allemagne, à Carlsruhe, qu'on vienne le chercher, qu'il souffre, etc. » Après quelques heures de séjour à Dijon, il prend le train de Marseille où il descend à l'hôtel que son père fréquente habituellement et donne son nom, M. Sorval, 4, rue de la Préfecture, au Havre. Le père envoie des télégrammes de tous côtés, entr'autres à un cousin de Marseille qui est assez heureux, après 48 heures, pour mettre la

main sur lui devant son hôtel. Le jeune homme dit :
« Je ne vous connais pas, je ne suis pas X..., je suis
M. Sorval. » Un rassemblement se forme devant
l'hôtel, on prend fait et cause pour le jeune homme.
Le cousin le conduit à la Sûreté ; c'était le lundi 16
novembre, à 9 heures du soir. Là, pressé de questions,
il finit par avouer son vrai nom ; mais, au moment
où il avoue, il est pris d'une crise nerveuse convulsive tellement violente que quatre hommes ne peuvent le maîtriser. La crise dure une heure ; puis elle
est suivie d'un sommeil qui dure depuis le lundi soir
jusqu'au vendredi suivant, à 4 heures. On l'a trans-
porté chez son cousin : il prend des aliments pendant ce sommeil. Les médecins de Marseille appelés
en consultation, tout en ne méconnaissant pas la névrose, pensent cependant, dit le père, qu'il y a beaucoup de malice dans tout cela; l'enfant leur paraît faire
tout ce qu'il peut pour ne pas se réveiller, par honte
de ce qu'il a fait. Le lundi soir, à 4 heures, il se
réveille enfin, sans souvenir aucun de tout ce qui s'est
passé depuis le moment où il a quitté le Crédit Lyonnais. Tout le reste est lettre morte pour lui.

Ajoutons que le jeune homme n'avait dépensé des
1.200 francs emportés que la somme nécessaire à
ses frais de voyage.

Le père est très perplexe. Les médecins de Marseille inclinent à croire à la culpabilité. Le médecin
de la famille, à Besançon, croit au contraire qu'il a
agi d'une façon inconsciente. Le père, en raison des
excellents antécédents de son fils, nature douce et
honnête, franche et nullement vicieuse, serait aussi
de cet avis, s'il n'avait trouvé dans une poche d'un
pantalon de son fils un petit chiffon de papier sur lequel étaient écrits au crayon les mots suivants :

« Mademoiselle A...,

« Si vous m'aimez, trouvez-vous samedi prochain
« matin, à onze heures, à la gare Viotte ; j'aurai beau-
« coup d'argent et nous fuirons ensemble à Paris et
« où vous voudrez. Répondez en vous trouvant
« chaque jour, à onze heures, à votre fenêtre don-
« nant sur la rue X...

« Je vous assure que je ferai... »

Il y avait certainement préméditation. Le père s'é-
tant rendu à l'adresse indiquée trouva la jeune fille
demeurant chez ses parents. Elle affirma, avec une
apparence complète de franchise, ne connaitre nullement ce jeune homme et n'avoir reçu aucune lettre.

J'interrogeai le petit héros de l'aventure ; il déclara
sincèrement ne rien se rappeler, et paraissait de
très bonne foi. Sa face pâle, son expression vague,
ses grands yeux fixes accusaient le nervosisme psychique. Je le pris seul, son père s'étant retiré ; je lui
demandai s'il connaissait Mlle A..., s'il avait eu
de l'affection pour elle, l'engageant à me le dire con-
fidentiellement, sans fausse honte. Il me dit simplement : « Je vous assure que je ne lui ai jamais parlé,
et que je n'ai jamais eu aucune affection pour elle.
Nous en avons causé entre jeunes gens, mais je ne la
connais pas autrement. » Je lui demandai des expli-
cations sur le nom de Sorval et lui suggérai de se
souvenir. Il finit par se rappeler que ce nom se trouvait dans un ancien roman du *Petit Journal* dont il
avait lu les feuilletons ; mais il ne put se rappeler
aucun détail du roman. Il eut d'ailleurs, pendant cet
examen, des secousses nerveuses et des tics faciaux

indiquant une diathèse hystérique. Il s'agit certainement d'un cas d'automatisme somnambulique.

Mais je suppose que le jeune homme, au lieu de soustraire la somme à son père, l'ait soustraite à un autre patron ! une plainte eût été déposée, l'affaire aurait paru devant les tribunaux. Les médecins experts n'eussent pas été d'accord. Le tribunal aurait peut-être condamné. D'une part les médecins de Marseille ont pensé que le sommeil après la crise était volontairement entretenu par la honte du petit malfaiteur obligé d'avouer ca culpabilité. D'autre part, la lettre trouvée indiquait la préméditation, le dessein arrêté de fuir avec l'argent qu'il devait toucher au Crédit Lyonnais : *le mensonge fait à la gare à l'ami de son père* indique bien qu'il avait son sang-froid et sa raison, qu'il n'était pas un simple automate impulsif.

Les arguments médicaux et rationnels auraient sans doute entraîné le tribunal à condamner, avec application de la loi Bérenger, car c'était la première faute. Toutes les dénégations de l'enfant eussent été considérées comme de mauvaise foi.

On se serait trompé. L'enfant, certainement, a agi en état de somnambulisme, de condition seconde. La crise d'hystérie et le sommeil consécutif ont signé la fin de l'accès. Ce sommeil n'était pas simulé : les médecins qui ont bien étudié les crises de sommeil hystérique ou de léthargie savent que, souvent, le sujet entend tout, mais résiste *en apparence volontairement* à toutes les tentatives faites pour le réveiller. Plus on s'ingénie à le faire, plus il serre les paupières ; il est dominé par l'idée fixe involontaire qu'il ne peut se réveiller, et, précisément, cette apparence de simulation grossière, qu'un simulateur sérieux ne prendra pas, a quelque chose de caractéristique ; les observateurs inexpérimentés croient volontiers à la simulation, aussitôt qu'ils surprennent quelques signes de conscience et de volonté, car ils s'attendent à trouver dans la léthargie un état d'inertie totale du cerveau, d'impassibilité absolue. Cela n'est pas exact ; la conscience existe dans une forme du sommeil hystérique (*léthargie lucide*) : il y a auto-suggestion.

La préméditation établie, le mensonge fait à l'ami rencontré à la gare, ne prouvent pas non plus contre le somnambulisme. *Le somnambulisme n'est pas un état automatique impulsif;* le sujet agit en connaissance de cause, il a sa conscience, il peut combiner avec intelligence et habileté tous les ressorts de l'action qu'il médite. Le somnambule agit en vertu d'une obsession, d'une idée fixe qui le domine, en raison de laquelle il est déterminé, mûrit ses projets et les réalise avec logique. L'idée génératrice seule est morbide, elle crée un état psychique spécial, un état de conscience seconde.

Notre jeune nerveux, qui avait eu, plusieurs mois auparavant, une crise nerveuse, avait été vivement impressionné par le roman du *Petit Journal.* Avait-il des moments de condition seconde où il s'identifiait avec le nommé Sorval, héros de cette histoire ? Son cerveau fasciné par ce roman a-t-il voulu, dans un rêve actif, le transporter dans la réalité ? Est-ce dans un de ces moments de concentration d'esprit somnambulique qu'il a griffonné, sur un chiffon de papier trouvé dans une de ses poches, une lettre qui ne paraît pas avoir été ni copiée, ni adressée à sa destinataire ? La carte postale envoyée de Dijon à son père et dans laquelle il dit être emmené par des brigands en Allemagne n'est pas l'œuvre d'un simulateur, mais d'un halluciné. Enfin l'amnésie nette à partir d'un moment donné est caractéristique ; elle se retrouve avec les mêmes caractères dans tous les faits dits d'automatisme somnambulique. Notre enfant n'avait certes pas les connaissances médicales nécessaires pour reproduire avec tant de perfection et de naïveté à la fois tous les phénomènes habituels de cet état morbide. Ajoutons que ce jeune homme n'a plus rien présenté d'anormal depuis cette aventure.

Ces états variables de conscience, je l'ai dit ailleurs, sont peut-être plus fréquents qu'on ne se l'imagine. Ils peuvent être méconnus. Ils ne sont reconnus comme anomalie pathologique que lorsqu'il y a amnésie complète de l'un à l'autre, lorsque le sujet ignore ce qu'il a fait pendant une certaine période de son existence. Mais l'amnésie est-elle constante ? Nous savons que les faits de la vie somnambulique provoquée ne sont pas toujours effacés du souvenir ; l'amnésie peut être incomplète ou passagère, elle peut faire défaut. N'en peut-il être de même pour les faits de la vie somnambulique spontanée ou condition seconde ? Et si le souvenir est conservé, le diagnostic est difficile. Nous connaissons tous des personnes dont la vie est pleine d'inconséquences et de contradictions. Tel est, par exemple, d'une conduite irréprochable, caractère timide, réservé dans ses allures, sensé et ordonné dans ses actes : tout paraît démontrer chez lui un équilibre moral et intellectuel parfait. Puis, de temps en temps, l'humeur se modifie ; il devient capricieux, extravagant, se laisse aller au gré de ses instincts, commet des actes répréhensibles. Cela dure un certain temps, puis l'état normal reparaît. C'est un vicieux par intermittences.

Tous les degrés d'ailleurs, peuvent exister de

conscience modifiée, depuis un simple changement d'humeur perceptible seulement pour l'entourage intime, jusqu'à la transformation complète de l'être moral. Cette transformation peut constituer une vraie maladie mentale : la mélancolie périodique, la dipsomanie intermittente, la folie circulaire, toutes les maladies mentales à répétitions ne sont en réalité que des états de conscience modifiée. Les degrés extrêmes seulement frappent notre attention ; les degrés légers nous échappent et nous attribuons à l'humeur capricieuse des sujets ce qui est dû à un état maladif de la conscience.

Avec quelle facilité la suggestion réalise chez certains ces états multiples de conscience, détermine la joie ou la tristesse, l'affection ou la haine, et conforme aux penchants psychiques suggérés les actes et les allures du sujet, je n'ai pas besoin de le répéter. Elle crée une véritable vie somnambulique, faussée par des idées ou impressions artificielles qu'elle greffe sur le sujet, et elle peut entretenir cette vie chez quelques-uns pendant un temps très long ou reconstituer à volonté l'état normal.

L'affaire Chambige qui a vivement ému l'opinion publique, il y a quelques années, s'explique, il me semble, à la lumière de ces faits. Voici ce que j'en ai dit :

Une jeune femme du meilleur monde et d'une moralité parfaite, adorant son mari et ses enfants, recevait chez elle un jeune homme, ami de sa famille, nommé Chambige. Un jour, on la trouve dans un pavillon isolé de son jardin, tuée par une balle, le corps souillé par un attentat. Chambige était à ses côtés, évanoui, blessé par un coup de pistolet. Revenu à lui, il raconta que la jeune femme, éperdument amoureuse, s'était donnée à lui à condition qu'ils ne survivraient ni l'un, ni l'autre, à son déshonneur. Il avait juré de la tuer et de se tuer ensuite.

Ce récit était-il vrai ? Chambige l'affirmait avec un grand accent de franchise qui a impressionné même ceux qui ne voulaient voir en lui qu'un vulgaire assassin. Beaucoup de personnes n'ont vu dans ce drame qu'un acte de folie amoureuse. On sait combien la passion peut égarer les natures les plus honnêtes.

Mon impression n'a pas été la même. Immédiatement avant ce drame terrible, alors que, suivant Chambige, le projet était convenu entre eux, la pauvre femme écrivait à je ne sais quelle personne de sa famille une lettre calme et sérieuse, elle y parlait de son intérieur, de ses enfants, même, je crois, de Chambige, en termes si simples, si naturels, qu'ils indiquaient une tranquillité d'esprit parfaite. La femme qui écrivait ainsi ne pouvait avoir conscience des événements qui se préparaient. Elle ne songeait ni à manquer à ses devoirs, ni à se faire tuer.

De l'avis de tous ceux qui l'ont connue, Mme Grille était la candeur même. Élevée dans des principes sévères de moralité dont sa famille lui donnait l'exemple, c'était la femme du devoir, dévouée à son mari et à ses enfants, douce, timide, bonne, affectueuse, nullement passionnée. Elle était suggestible. Un jour, en fixant une cuillère, elle était tombée en extase hypnotique. Comment expliquer ce drame mystérieux ? Chambige est-il un vulgaire assassin, doublé d'un imposteur, qui après avoir lâchement violé et assassiné cette femme qui lui refusait ses faveurs, aurait inventé cette histoire pour attacher son nom à un roman conçu par son imagination malsaine

et poser devant ses contemporains en héros de tragé-
die amoureuse ? Je ne le pense pas.

Chambige était, il est vrai, une imagination per-
vertie à l'école de ces jeunes décadents qui substituent
les sensations au sentiment.

Doué d'une intelligence vive, en imposant à ses
camarades comme un esprit supérieur, pénétré lui-
même de sa supériorité, avec cela peu ou point de
sens moral, Chambige avait soif de sensations et bu-
vait sans scrupules à toutes les sources qui pouvaient
l'assouvir. Mais il paraissait avoir la franchise de ses
convictions ; il raconta le drame avec une apparence
de vérité et de sincérité, il produisit devant le jury,
non l'impression d'un imposteur qui viole, tue et
calomnie une femme innocente, mais l'impression
d'un homme franc, sans cœur et sans préjugés,
étranger à toute sensibilité morale, suivant avec au-
dace les impulsions de ses suggestions instinctives.

Il vit Mme Grille : il désira la posséder. Habitué
à dominer parce qu'il avait de l'intelligence, de la volonté et de la décision, il ne tarda pas à prendre sur
cet esprit faible un ascendant étrange. La pauvre
femme l'aimait-elle ? Ou était-elle seulement dominée
et fascinée par lui ? En sa présence, elle ressentait je
ne sais quel malaise indéfinissable, une vague terreur.
De même qu'un jour, en regardant une cuillère, elle
était tombée en extase hypnotique, de même, en présence de Chambige, troublée profondément par son
regard, ses allures, ses déclarations peut-être, elle
tombait en extase somnambulique, elle perdait sa
personnalité, elle était en condition seconde. Chambige agissait vivement sur cette imagination facile, lui
imposait à son insu cette nouvelle conscience à la
faveur de laquelle la suggestibilité s'exaltait. Alors il

lui suggérait une passion malsaine, il lui suggérait de l'excitation sensuelle ; la raison faisait défaut, la capacité de résistance était insuffisante. Chambige faisait de la suggestion sans le savoir, il pouvait croire qu'elle l'aimait de bonne foi, il ne savait pas que cette folie amoureuse suggestive n'existait peut-être que dans cet état de conscience nouveau que son ascendant provoquait sur cette imagination délirante. L'être conscient normal ne l'aimait peut-être pas ou pouvait résister à l'impulsion, l'être subconscient faussé l'aimait et ne pouvait résister.

Revenue à sa conscience normale, Mme Grille ne se souvenait de rien. Ainsi, le matin du crime, quand elle écrivait sa lettre, elle ne savait pas ce qui allait se passer, son esprit était calme. Un instant après, la présence seule de Chambige a pu la suggestionner, il l'entraîne au pavillon ; dans son imagination est une passion folle, dans ses sens une excitation irrésistible. Si la pauvre femme a fait promettre à son séducteur de la tuer, pour qu'elle ne survécût pas à son déshonneur, c'est le sens moral persistant encore dans son nouvel état de conscience, comme une suggestion ancienne, native ou par éducation, qui ne pouvait être détruite ; c'est sa vraie conscience morale indestructible qui pouvait être dominée, mais non éteinte dans son état somnambulique.

Cette interprétation que j'ai donnée des faits, concordante avec toutes les données de l'observation et de l'expérimentation, dissipe les obscurités de ce procès. Quand on a vu avec quelle facilité certains sujets, par une impression vive, sont mis dans un état de conscience nouveau et n'en conservent pas le souvenir, cette explication s'impose à l'esprit.

VII

Des faux témoignages de bonne foi par auto-suggestion.

———

La justice peut être égarée par de faux témoignages. Mais tous les faux témoignages ne sont pas
l'œuvre de faussaires. Les suggestibles mentent parfois parce qu'ils sont les premiers dupes de leur imagination. Ils ajoutent à la vérité de leur propre cru
ou en retranchent. Ce que l'imagination mue par
l'intérêt, l'impression du moment, l'interrogatoire,
leur suggère, ils le prennent pour des réalités. Une
rixe se passe dans la rue, à laquelle six témoins assis-
tent. Interrogez-les séparément, il est rare que les
témoignages concordent ; chacun, de bonne foi,
pourra travestir les faits avec les yeux de son imagination. Il est possible aussi que l'interrogatoire, di-
rigé dans un sens ou dans un autre, crée dans l'esprit des suggestibles des *souvenirs illusoires* qui
s'imposent comme si c'était arrivé ; certains sujets
ajoutent ainsi du faux au vrai et ne savent plus dé-
mêler la vérité vécue d'avec la vérité créée ou falsi-
fiée par leur imagination.

Ceci n'est pas une vue de l'esprit. J'ai démontré expérimentalement qu'on peut créer chez tous les sujets très suggestibles, très hallucinables, des *hallucinations rétro-actives*, ou *souvenirs illusoires* de faits qui n'ont jamais existé.

Ces souvenirs, on les crée par simple affirmation, à l'état de veille. Je dis à tel sujet : « Je vous ai rencontré hier, à neuf heures, dans telle rue ; on vous avait volé votre portemonnaie ; vous êtes allé faire votre déclaration à la police, etc., etc. » Le sujet est d'abord étonné et nie. J'insiste : après quelques instants de concentration, il peut être convaincu, raconte le fait dans tous ses détails, avec une sincérité parfaite, est disposé à prêter serment devant la justice ; l'hallucination rétro-active s'impose à lui comme une vérité.

J'ai relaté longuement une série d'expériences de ce genre (1). On est effrayé de la facilité avec laquelle elles se réalisent chez beaucoup de personnes.

Rappelons le procès célèbre qui, il y a 14 ans environ, m'a donné l'idée de ces expériences.

A Tisza-Eslar, en Hongrie, une jeune fille de 14 ans, appartenant à la confession réformée, disparait. Dix-neuf familles juives habitent ce village hongrois. Bientôt le bruit se répand que les juifs l'ont tuée pour avoir son sang : c'était la veille de Pâques ; ils ont mêlé son sang chrétien au pain sans levain de leur pâque. Un cadavre repêché plus tard dans la Theiss est reconnu par six personnes comme étant

----

(1) *De la suggestion et de ses applications à la thérapeutique,* 2ᵉ éd., p. 232.

celui de la jeune fille ; mais la mère restait incrédule, et d'autres témoins, choisis par elle, refusèrent de reconnaître le cadavre.

La passion antisémitique était soulevée : l'opinion était faite. Treize malheureux juifs furent arrêtés. Le juge d'instruction, grand ennemi d'Israël, s'occupe avec une activité féroce à confirmer la conjecture que sa haine aveugle a conçue. Le sacristain de la synagogue a un fils âgé de 13 ans : il le cita devant lui.

L'enfant ne savait rien du meurtre. Mais le juge, voulant à toute force établir ce qu'il croit ou veut être la vérité, le confie au commissaire de sûreté, expert pour extorquer des aveux. Celui-ci l'emmène dans sa maison. Quelques heures après, l'enfant avait avoué ; son père avait attiré la jeune fille chez lui, puis l'avait envoyée à la synagogue. Moritz, c'était le nom de l'enfant, avait entendu un cri, était sorti, avait collé son œil à la serrure du temple, avait vu Esther étendue à terre ; trois hommes la tenaient ; le boucher la saignait à la gorge et recueillait son sang dans deux assiettes.

Séquestré pendant trois mois, confié à un gardien qui ne le quitte pas, l'enfant, arrivé à l'audience, persiste dans ses aveux ; la vue de son malheureux père et de ses douze coreligionnaires que la potence menace, les supplications les plus ardentes pour l'engager à dire la vérité, les pleurs et les malédictions, rien ne l'émeut ; il répète sans se lasser les mêmes choses et les mêmes termes ; il a vu. La justice finit par triompher.

Comment expliquer les aveux de l'enfant ? La terreur, la violence, les menaces auraient pu arracher une déposition mensongère. Mais placé en présence

d'un père qui souffre et implore, que l'enfant, sourd
à toutes les supplications, maintienne constamment
sa déposition qui entrainera la condamnation, qu'il
continue à débiter envers et contre tous sa petite histoire qu'il sait inventée de toutes pièces, c'est une
perversité morale monstrueuse, et l'enfant n'avait
pas témoigné jusque-là de mauvais instincts.

L'hypothèse seule admissible est celle-ci : Seul,
face à face avec le commissaire de sûreté auquel on
l'a livré, l'enfant est terrorisé. L'autre lui persuade
avec conviction que les juifs ont l'habitude d'arroser
de sang chrétien le pain sans levain de leur pàque.
Dans un langage coloré, il peut lui raconter les détails circonstanciés et réalistes de scènes analogues.
L'imagination du pauvre enfant nerveux, fasciné par
la terreur, est vivement frappée. Les paroles du personnage font impression sur son faible esprit, et peu
à peu l'impression profonde et persistante devient
image ; sous l'influence de cette suggestion vigou-
reuse, son cerveau construit de toutes pièces une
scène de ce genre. Tout est là : l'enfant voit la victime couchée, tenue par trois personnes, le sacrifica-
teur plongeant son couteau dans la gorge, le sang qui
coule dans deux assiettes ! L'enfant a vu : l'hallucination rétro-active est créée, comme on la crée expérimentalement ; et le souvenir de la vision fictive est
si vivant que l'enfant ne peut s'y soustraire.

L'examen de l'enfant par un médecin habitué à
la suggestion et à mesurer la suggestibilité eût per-
mis sans doute de découvrir l'origine de ce faux
témoignage.

Le docteur Motet (1) a relaté quelques faits de faux

____

(1) *Revue de l'hypnotisme,* 1887.

témoignages des enfants devant la justice. Je relaterai le suivant :

Lasègue racontait qu'un jour il avait eu à intervenir dans une affaire grave : un négociant chemisier est appelé chez un juge d'instruction sous l'inculpation d'attentat à la pudeur sur un enfant de dix ans. Il proteste en termes indignés : il affirme qu'il n'a pas quitté sa maison de commerce à l'heure où aurait été commis l'attentat dont on l'accuse. Voici comment avait pris naissance cette fable : l'enfant avait fait l'école buissonnière et il était rentré à la maison longtemps après l'heure habituelle. A son arrivée, sa mère, inquiète, lui demande d'où il vient ; il balbutie ; elle le presse de questions ; elle s'imagine qu'il a pu être victime d'un attentat à la pudeur ; et lancée sur cette piste, on ne sait pourquoi, elle interroge en ce sens ; elle prépare à son fils les réponses, et, quand le père arrive, c'est elle qui, devant l'enfant, raconte l'histoire telle qu'elle l'a créée. L'enfant la retient, la sait par cœur , et, quand on lui demande s'il reconnaîtrait la maison où il a été conduit par ce monsieur, il désigne la demeure du négociant ; et l'histoire ainsi complétée est acceptée jusqu'au jour où il a été possible de reconstituer l'escapade et de réduire à néant une fable dont les conséquences auraient été si graves.

N'est-elle pas curieuse, cette histoire écrite par Lasègue à une époque où ces phénomènes de suggestion n'étaient pas encore connus ?

M. Liégeois relate le fait suivant (1) :

Une jeune fille comparait en novembre 1868 de-

____

(1) *De la suggestion et du somnambulisme dans leurs rapports avec la jurisprudence et la médecine légale.*

vant le tribunal correctionnel de Vic, sous la préven-
tion d'avoir supprimé l'enfant dont elle était accou-
chée. La sage-femme avait affirmé qu'elle était accou-
chée. L'accusée nia d'abord ; mais le commissaire de
police, procédant à son interrogatoire, lui demanda
« si elle n'aurait pas placé son enfant dans le réduit à
porcs de la maison où elle habitait ». Après bien des
hésitations, elle a fini par dire qu'elle l'y avait mis.
La sage-femme, entendue par le juge d'instruction,
dit bien que c'est elle qui lui a fourni cette explication : « Je lui ai demandé si elle n'avait pas déposé
son enfant dans le réduit à porcs. Elle repoussa
d'abord bien loin cette pensée que j'avais ; puis elle
finit par avouer que j'avais bien deviné. » Interrogée
une seconde fois par le juge d'instruction, elle renouvelle ses aveux en les précisant : « J'ai pris mon enfant, j'ai ouvert la porte de la loge des porcs et je l'ai
lancé au fond de cette loge. Je ne crois pas qu'il ait
crié et je ne l'ai pas vu remuer. »

Le médecin cantonal de Dieuze visita la prévenue,
conclut qu'elle avait accouché et que l'accouchement
datait d'environ 24 heures. La prévenue fut condamnée
à 6 mois de prison.

Quand, peu de temps après, elle se présenta à la
prison, on reconnut qu'elle était dans un état de
grossesse avancée ; elle accoucha le 24 décembre 1868
d'une fille bien constituée, à terme.

Le jugement fut naturellement réformé.

La fille B..., interrogée, déclara que ses parents et
la sage-femme l'avaient obsédée pour la déterminer à
faire des aveux, lui répétant que « si elle ne disait
pas ce qu'était devenu son enfant, elle serait condamnée à quinze ou vingt ans de galères ». Est-il

croyable que cette suggestion seule la détermina à s'accuser? Ou fut-elle victime d'une hallucination rétro-active, d'un souvenir fictif? Cela me paraît plus vraisemblable. Les sujets expérimentaux auxquels on a donné ces sortes d'hallucinations, quand, plus tard, on leur montre la vérité vraie, ne se rappellent souvent pas avoir eu cette hallucination et se retranchent derrière une explication plus simple. Ils se comportent dans leurs dires absolument comme le sujet de cette observation.

Voici un fait analogue qui m'a été communiqué par mon collègue, le docteur Pierre Parisot :

J'ai été commis par la justice, en août 1896, à l'effet de constater si une nommée L..., fille soumise, inculpée d'avortement, avait accouché, et si elle pouvait être considérée comme jouissant de la plénitude de ses facultés mentales.

Cette fille me déclare avoir accouché d'un enfant du sexe féminin trois semaines avant; cet enfant, à terme, aurait crié une fois, aurait respiré pendant vingt minutes environ avant de succomber. Elle dit avoir accouché seule dans un bois, après 48 heures de douleurs, serait restée sans soins ni nourriture pendant 2 jours. Le 5ᵉ jour, elle aurait fait une course de 6 kilomètres.

La tête de son enfant, d'après son dire, avait la grosseur du poignet, le corps avait la longueur d'un avant-bras d'adulte; les cheveux, noirs, mesuraient 8 centimètres. Le cordon, qu'elle aurait déchiré, elle le compare à un boyau de poule que l'enfant avait au nombril.

Dans son interrogatoire, elle avait prétendu une première fois avoir caché le corps de son enfant dans de la mousse, et, une seconde fois, l'avoir jeté au canal.

Comme, à juste titre, on s'étonnait de ces deux versions contraires, et qu'on lui reprochait d'avoir inventé les faits, elle répondit qu'elle n'était pas assez bête pour se faire punir en racontant des faits qu'elle n'aurait pas commis, d'autant plus que si elle ne l'avait pas dit, personne ne l'aurait su.

Avant mon examen, la nommée L... me déclare nettement qu'elle a accouché. Après avoir procédé à un examen complet, j'ai la certitude qu'elle ne présente aucun signe d'accouchement récent ou ancien. Je ne fais pas part à l'inculpée du récit de mon examen, et je lui demande si elle s'ennuie en prison : « Je vous le promets, répond-elle, que je m'ennuie dans ce bordel. » J'ajoute : « Cela dépendait de vous de ne pas y venir. » — « Je le sais bien ; j'ai commis une faute et il faut que j'en subisse la punition. » Mon rapport conclut donc à l'absence de grossesse et d'accouchement.

Devant le juge, elle maintint ses dires antérieurs ; et comme le juge lui faisait remarquer la gravité de sa situation et la conjurait de dire la vérité, elle répondit : « Eh bien ! je subirai la peine, puisque j'ai commis la faute. »

Le juge lui dit alors d'une voix ferme : « Nous savons que vous n'avez pas accouché. » Elle répond : « Demandez-le au docteur qui est là. » Et comme je lui déclarai qu'elle n'avait pas accouché, elle dit : « Eh bien ! oui, je n'ai pas accouché ! » et elle se mit à sangloter.

Au moment où le juge lui déclara qu'elle n'avait pas accouché, j'ai remarqué un changement complet dans sa physionomie, son expression changea brusquement, comme au réveil, me suis-je dit, de certains états hypnotiques.

Je me suis demandé comment avait pu naître en elle l'idée de s'accuser d'avoir accouché et d'avoir jeté le corps de son enfant dans le canal. Voici, je pense, comment cette idée avait pu naître et se développer dans son cerveau, et était devenue pour cette hystérique l'expression de la vérité, comment en un mot elle s'était suggestionnée. Cette fille était allée dans un village voir une femme et lui avait annoncé, histoire inventée de toutes pièces, de la part d'un respectable fonctionnaire, le placement d'un nourrisson illégitime ; elle avait pris un repas chez cette femme, y avait passé la nuit, puis était partie emportant à son doigt une bague, que la femme l'accuse de lui avoir volée ; tandis qu'elle prétend que la femme la lui avait essayée au doigt pour rire, et qu'elle avait oublié de la rendre ou croyait que l'autre la lui laissait. Quoi qu'il en soit, quand, deux jours après, elle fut arrêtée dans un autre village, elle ne pensait plus, d'après son propre aveu, à la bague soustraite. Elle se rappela seulement avoir laissé chez elle une chemise et un pantalon tachés de sang. « C'est pour cela, dit-elle, qu'elle a dû me dénoncer à la gendarmerie comme m'étant fait avorter. » En voyant les gendarmes qui viennent l'arrêter, une première idée s'empare donc de son cerveau, celle de culpabilité.

Le souvenir du détail indiqué éveille la seconde idée d'avortement.

Dominée par ces deux idées, elle rassemble des souvenirs épars d'accouchement, de placenta, etc., et spontanément édifie tout un système de culpabilité qu'elle regarde comme vrai, en l'exposant, car, dans toutes ses réponses, elle paraissait sincère. Elle se plaignait d'être en prison et elle continuait à soutenir qu'elle avait accouché, alors qu'il lui eût été si facile d'en sortir, en disant la vérité.

Signalons encore ce fait :

En lui demandant comment elle avait avorté, elle répond d'abord : « Un faux pas suffit. » J'insiste en lui disant qu'elle a introduit une sonde, que cette sonde a été fournie par une sage-femme. Après une certaine hésitation, elle finit par dire : « Eh bien ! oui, c'est une sage-femme (qu'elle désigne). Elle m'a vendu une sonde et me l'a placée. »

C'est donc une fille très suggestible et à laquelle on peut suggérer des souvenirs fictifs.

Comme symptômes d'hystérie présentés par la malade, je relève : céphalée au sommet de la tête, sensation de boule allant de l'épigastre à la gorge, zones d'anesthésie sur diverses parties du corps, tendance dans ses récits à l'exagération, penchant sexuel prononcé.

Le docteur Parisot et le juge d'instruction, d'après la manière d'être de cette fille, ont eu l'impression très nette que ses faux témoignages étaient faits de bonne foi par auto-suggestion.

VIII

De la responsabilité morale. — De l'éducation morale. — Prophylaxie sociale.

———————

Ces faits expérimentaux et d'observation glanés dans le vaste champ de la médecine légale dans ses rapports avec la suggestion montrent l'importance extrême trop méconnue de la question.

Sans doute, nous n'avons pas démontré qu'il y a des crimes commis délibérément par des *manœuvres hypnotiques*. Ce n'est là qu'un très petit côté du sujet. La vérité est que la suggestion consciente ou inconsciente de celui qui la fait ou de celui qui la reçoit joue un rôle considérable. La question s'élargit singulièrement, si on l'envisage dans toute sa sincérité : car la suggestion, c'est l'idée avec toutes ses conséquences qui s'impose au cerveau. Elle n'est pas seulement dans le suggestionneur qui capte l'esprit ; elle est dans les idées courantes dont on se pénètre, dans les incidents de la vie qui suggèrent, dans l'éducation, dans le milieu, dans les lectures ; elle est avant tout dans l'atavisme et l'innéité créant le terrain psychique du sujet qui accepte et féconde à sa façon certaines idées.

J'ai dit que l'enfant naît avec un fonds de *suggestions innées,* son avenir est en grande partie dans son organisation. L'éducation peut perfectionner ce qui est; elle ne crée pas ce qui n'est pas en germe. Les cerveaux d'enfants ne sont pas des cerveaux vierges qu'une direction habile pourrait façonner et pétrir à sa guise.

Les parents finissent bien par s'en apercevoir. Tel enfant est rebelle dès l'origine à la direction qu'on veut lui imprimer, si elle n'est pas conforme à ses penchants. Tel autre peut être docile et soumis ; sa mère le suggestionne à son gré, le fait à son image, lui inculque ses idées religieuses, mondaines et autres. Puis la maturité arrive ; l'enfant commence à vivre par son propre cerveau. Et voilà que l'empreinte maternelle peut disparaître plus ou moins ; la mère parfois ne reconnaît plus son enfant ; il n'est plus tel qu'elle l'avait fait, qu'elle l'avait rêvé. Ce n'est plus lui ; c'est lui, tel que son évolution psychique et morale le prédestinait à être. Et il continuera à évoluer en raison de son organisation native, dirigée et modifiée par les circonstances extérieures.

Tous nos actes sont déterminés. Une personne éclairée, connaissant de quelqu'un ses instincts, ses habitudes d'esprit, son être psychique et moral, pourra dire comment il se comportera dans une circonstance donnée. Chacun est l'esclave de son organisation : le libre arbitre absolu est une illusion.

Sans doute la plupart des hommes ont le *sens moral,* le *sens esthétique,* le *sentiment du vrai et du juste,* qui les sollicitent vers le bien et les aident à réagir contre les impulsions mauvaises. Mais ces sens sont

plus ou moins parfaits et les impulsions plus ou
moins impérieuses! Qui saura doser la capacité de
résistance et la part qui reste au libre arbitre relatif?
Et quand le sens moral n'existe pas, absent de naissance ou oblitéré par une passion violente qui aveugle aussi la raison, que reste-t-il de liberté?

Pour juger en connaissance de cause l'auteur d'un
crime, il faut connaître la conformation native de son
être moral. Est-il responsable, s'il est né vicieux, instinctif, suggestible, sans contrepoids moral? Il nous
faut connaître l'éducation qu'il a reçue dans sa famille, dans le milieu social où il a vécu. Est-il responsable des suggestions malfaisantes qu'il a puisées autour
de lui? Il nous faut connaître ses qualités psychiques,
sa suggestibilité, la force de résistance que sa raison
pouvait opposer à certains instincts! Il faut connaître
les germes ataviques moraux que son cerveau recèle
et qui peuvent éclore un jour, au choc des événements, comme éclosent les maladies physiques et
mentales!

Il est de bon ton de croire et de prêcher que tout
homme a devant lui le chemin du bien et le chemin
du mal; il est libre de choisir l'un ou l'autre; il doit
être puni ou récompensé suivant ses actes. Doctrine
ingénue et simpliste, professée par toutes les religions,
à l'usage des âmes candides et honnêtes qui voient
les choses à travers leurs conceptions. Soutenir le
contraire, mettre en doute le libre arbitre, c'est
arborer une doctrine pernicieuse et malfaisante, c'est
saper les fondements de la justice sur lesquels repose
l'ordre social.

Faut-il cependant nier la vérité, parce qu'elle ne
concorde pas avec notre conception *a priori* des
choses? Aucun observateur sérieux, aucun psycholo-

gue n'admettra de bonne foi la liberté morale absolue !
C'est mentir à la vérité et à soi-même que de l'établir comme axiome et de baser sur cet axiome con-
ventionnel, mais faux, l'ordre et la justice. Dieu seul,
est-il écrit, peut sonder les reins et les cœurs ! Et
l'homme qui s'adjuge ce droit ou ce pouvoir pèche
par candeur ou par infatuation.

Puis-je analyser les éléments suggestifs divers,
innés et acquis, qui ont évoqué l'idée du crime, l'ont
implantée dans un cerveau, paralysé la résistance
morale, armé le bras de l'assassin ? Que sais-je ?
L'aliéniste qui a constaté l'absence de maladie mentale ne peut que dire : Il n'y a pas de maladie mentale. Il ne peut pas ajouter : L'accusé est moralement
responsable. Il y a des aberrations passagères telles
que la suggestion expérimentale les produit, telles
que la suggestion accidentelle peut les faire, et qui
échappent à la science de l'aliéniste.

Que faire alors, dira-t-on ? Si vous ne pouvez coter
la responsabilité morale, ne faut-il pas condamner ?
Faut-il laisser sans châtiment les délits et les crimes ?
Faut-il laisser en liberté les malfaiteurs ou simplement les enfermer comme aliénés ? Ni l'un, ni l'autre !
La société a un droit et un devoir de défense + de
protection sociale. Elle enferme ou supprime les
êtres malfaisants ou dangereux, qu'ils soient ou non
moralement responsables. Elle fait ainsi de la suggestion prophylactique, en terrorisant par la crainte
du châtiment ceux qui seraient tentés de les imiter.
Tout tort fait à la société ou à un de ses membres
doit être réparé ou compensé : il y a responsabilité
légale, là où la responsabilité morale est douteuse.

La société n'est pas sapée sur ses bases, parce qu'on
substitue la vérité à la fiction. Les fondements de la

justice ne seront pas ébranlés, lorsqu'on ne posera plus au jury, comme on le fait aujourd'hui en France, la question : L'accusé est-il coupable ? Si coupable veut dire moralement responsable, un juré, s'il veut pénétrer au fond de sa conscience et s'avouer les scrupules qui l'inquiètent, sera très souvent obligé de dire qu'il n'en sait rien. Il ne peut sonder la psychologie complexe de ce crime.

Mais que la question soit posée au jury dans ces termes :

1° L'accusé a-t-il commis tel acte ? Il répondra oui ou non.

2° L'acte, tel qu'il a été commis, doit-il encourir les peines édictées par la loi ?

Le jury alors se prononcera en toute conscience. Il dira oui, parce qu'il croit à la responsabilité morale. Il dira oui, parce que tout en ne pouvant coter cette responsabilité, il pense qu'il y a intérêt social à ce que l'acte ne reste pas impuni.

3° Y a-t-il des circonstances atténuantes ?

Avec cette légère modification, le jury ne serait pas sollicité entre sa conscience et son devoir social, il ferait de la justice relative, la seule que l'homme puisse faire, et resterait dans son rôle de défense et de protection.

J'entends encore dire : Avec vos idées, tout est suggestion, déterminisme, libre arbitre douteux, responsabilité morale douteuse, où allons-nous ? Si l'homme évolue de par son organisation, pourquoi lutter ? Il se démène, Dieu et le diable le mènent ! C'est le fatalisme ! *C'est la négation de la volonté et de la dignité humaine !*

Ils ont mal conçu notre doctrine, ceux qui en déduiraient cette conclusion. Certes, qui oserait le nier ?

nous avons des instincts et des tendances innées, des suggestions ataviques. Mais la suggestion vient aussi du dehors, par les *sollicitations du monde extérieur*, par l'éducation. Et c'est pour cela que l'éducation doit intervenir pour neutraliser dans la mesure du possible les germes vicieux, pour opposer aux impulsions natives un *contrepoids de suggestions coercitives*, pour augmenter la liberté morale en supprimant les entraves psychiques qui l'asservissent. Combien cette éducation doit être variée pour s'adapter à chaque individualité, les maîtres intelligents le savent!

Un mot seulement sur l'éducation morale. Le sens moral natif suffit à ceux qui l'ont robuste. Ils sont honnêtes nés. N'est pas malhonnête qui veut. Mais certains ont ce sens peu développé ; ils n'ont que peu ou point de sensibilité morale, leur être ne frissonne pas à l'aspect des souffrances d'autrui, leur cœur ne s'émeut pas à la vue du sang qui coule, ils ne sentent pas le mouvement de l'âme, répugnance, horreur ou pitié, que soulève un acte indigne. Ceux-là, cependant, peuvent rester honnêtes, s'il ont, de naissance ou par suggestion, le sens du juste et de l'injuste, du vrai et du faux, *la notion, sinon le sentiment du devoir*.

A d'autres, il faut le *sentiment religieux*. Le mystère de l'inconnu, la peur du châtiment futur, la discipline sévère que la suggestion religieuse impose aux esprits, peuvent servir de frein aux impulsions mauvaises alors que le sens moral natif n'est pas assez robuste pour les réprimer. Car l'idée religieuse n'est pas forcément liée à une grande sensibilité morale ; la foi la plus vive, l'austérité de vie et de mœurs la plus respectable peuvent s'allier à une grande sécheresse de cœur, à une âme très dure.

D'autre part, le sentiment moral, dans ce qu'il a
de plus pur, je dirai même de plus évangélique, peut
exister sans idée religieuse ; il y a des saints laïques.

Mais si l'idéal philosophique et moral pur suffit
aux âmes privilégiées, il ne suffit pas toujours à diriger les masses incultes. Une éducation trop positive,
une morale rationnelle sèche ne satisfait pas toujours
leurs aspirations vagues ; elle crée parfois dans les
esprits trop peu cultivés un scepticisme étroit, qui
peut devenir dangereux. Certaines âmes ont soif d'i-
déal. La *religiosité* est inhérente au cœur de l'humanité ; la religiosité, c'est l'aspiration de notre être
vers l'inconnu, avec la conscience de notre fragilité et
le besoin instinctif d'épanchement vers un être su-
prême, d'incliner sa faiblesse devant une force supérieure, sentiment indéfinissable fait de crainte mystérieuse, de respect, de foi, de résignation et d'espé-
rance.

Cette religiosité vague qui est en nous tous, il est
dangereux de l'étouffer chez tous, il est utile de la
développer chez quelques-uns.

Voyez Henry, l'anarchiste. Il avait le sens moral :
il avait, avec exagération peut-être, le sens du juste et
de l'injuste, et ces deux armes ne l'ont pas prémuni
contre la contagion anarchiste. Aurait-on pu développer dans cette âme généreuse et exaltée un sentiment
analogue à la religiosité ? Je ne dis pas la religion
avec ses dogmes et ses pratiques : il y eût été, sans
doute, rebelle. Il fallait peut-être par une éducation
moins rationnelle, moins théorique et plus idéaliste,
élever son âme au-dessus des injustices et des misères
humaines. Il fallait lui ouvrir les yeux de bonne
heure dans la vie et lui dire : « L'état social actuel
est la résultante fatale des conflits, des intérêts, des

passions bonnes et mauvaises de l'humanité. C'est
aussi un déterm.iisme, vous n'y changerez rien.
L'honnêteté ne suffit pas pour réussir ; le monde appartient plus aux habiles qu'aux honnêtes. La justice
ne peut exister dans ce monde. La compensation est-
elle ailleurs ? Il faut croire à une inconnue, à un au-
delà, accepter, puisqu'elles sont inhérentes à nos
faiblesses humaines, avec indulgence, les iniquités
sociales en cherchant à les atténuer, tant que faire peut;
il faut garder, en dépit de tout, son honnêteté et sa
conscience morale, etc. » On aurait montré à cette âme
impressionnable l'humanité sous son vrai jour en
même temps qu'on eût créé ou développé en elle un
sentiment de résignation forte et patiente que ne
donne pas la raison pure. Peut-être qu'ainsi suggestionnée d'avance, cette âme ouverte à la lumière trop
vive de la réalité n'eût pas souffert cette déception
douloureuse qui a constitué un terrain psychique
apte à la contagion anarchiste. Il fallait plus que le
sens moral, plus que le sens du juste, il fallait un
idéal religieux ou philosophique plus élevé comme
tutelle contre les défaillances du cœur et de l'esprit.

*Cette religiosité vague et philosophique n'est pas à
la portée de tous.* L'idée abstraite n'est pas toujours
comprise par les masses. Elle ne devient compréhensible et suggestive pour elles qu'à la faveur d'un
emblème, d'une incarnation, d'un culte pratique; il leur
faut représenter la Divinité en chair et eı. os. Les religions diverses ne sont que la matérialisation plus
ou moins grossière de l'idée religieuse pour la rendre
accessible et compréhensible aux masses. Un culte
religieux, malgré ses imperfections, est peut-être nécessaire à l'humanité.

 Enfin il est des sujets rebelles à toutes les suggestions philosophiques, morales, religieuses, ou du moins qui ne sont pas suffisamment protégés par elles ; ce sont les faibles d'instincts, qui n'ont pas de spontanéité morale, qui ne savent pas se conduire, qui sont conduits par leurs instincts, dont les actes et sentiments extravagants paraissent résulter d'une impulsion automatique et irréfléchie ; s'ils sont, de plus, peu doués au point de vue moral, ils sont déjà dans leur enfance et restent toute leur vie des fléaux de famille. Ils peuvent avoir de l'intelligence et des qualités brillantes susceptibles d'être dirigées dans un but utile. Ces déshérités ont besoin d'une tutelle morale. Abandonnés à eux-mêmes, ils peuvent misérablement échouer dans les prisons ou dans les asiles. Ni l'un ni l'autre ne leur conviennent. Une organisation sociale reste à étudier pour les surveiller, les diriger utilement, les empêcher de dévoyer, pour leur propre sauvegarde et celle de la société.

Les aberrations instinctives suggérées peuvent être collectives. L'anarchisme, le boulangisme, l'antisémitisme, tous les fanatismes religieux, sociaux, politiques, nationaux, antireligieux, toutes les passions populaires soulevées par la presse, les affiches, les réunions, toutes les idées violentes jetées en pâture au peuple, qui se laisse fanatiser et passe de l'idée à l'acte, ne sont-ce pas là des folies instinctives suggérées ? Faut-il que, sous prétexte de liberté, les gouvernements restent désarmés en face de ces prédications suggestives de haine et de violence ?

On s'évertue à garantir l'atmosphère contre les microbes infectieux qui détruisent la santé physique, on laisse se répandre dans les foules des idées malsaines et pernicieuses, microbes moraux qui créent des épidémies de maladies morales.

Signaler aux législateurs ce danger, éclairer ces faits à la lumière de la psychologie médicale, est-ce sortir de mon rôle? N'est-ce pas de la médecine légale dans ses rapports avec la suggestion?

Dans cet exposé sommaire, j'ai voulu esquisser l'immense cadre que comporte la question mise à l'ordre du jour du Congrès, si on l'envisage, tel qu'il m'apparaît, dans toute l'étendue de son horizon.

CONCLUSIONS

1º La suggestibilité est une propriété physiologique du cerveau humain : c'est la tendance du cerveau à réaliser toute idée acceptée par lui.

2º Toute idée acceptée est une suggestion. L'hypnotisme n'est pas un état particulier ; c'est la mise en activité de la suggestibilité, avec ou sans sommeil.

3º La suggestion peut faire réaliser à quelques personnes des actes criminels, soit par impulsion instinctive, soit par hallucination, soit par perversion du sens moral.

4º La suggestion ne peut détruire un sens moral robuste, ni le créer quand il est absent ; elle peut développer les germes bons ou mauvais existants.

5º Un viol peut être commis par suggestion sur une femme, soit dans un sommeil hystérique d'origine émotive consécutif aux manœuvres hypnotiques, soit par perversion instinctive et excitation sensuelle en condition seconde, soit par insensibilité psychique suggérée au sujet.

6º La suggestion, c'est-à-dire l'idée, d'où qu'elle vienne, s'imposant au cerveau, joue un rôle dans presque tous les crimes.

7° La faiblesse congénitale du sens moral et une grande suggestibilité facilitent les suggestions criminelles.

8° Un acte délictueux ou criminel peut être commis dans un état de condition seconde ou vie somnambulique, d'origine hétéro ou auto-suggestive.

9° Un faux témoignage peut être fait de bonne foi par auto-suggestion donnant lieu à des souvenirs fictifs.

10° Le libre arbitre absolu n'existe pas. La responsabilité morale est le plus souvent impossible à apprécier. La société n'a qu'un droit de défense et de prophylaxie sociales.

11° L'éducation doit intervenir pour neutraliser les germes vicieux et opposer aux impulsions natives un contrepoids de suggestions coercitives.

TABLE DES MATIÈRES

Nancy. — Imp. Crepin-Leblond.

9 782016 145517